U0518102

生育的另一种选择
——基于未婚妈妈的个案研究

Alternative Choice of Reproduction:
A Case Study based on Unmarried Mothers

高碧叶 著

中国社会科学出版社

图书在版编目（CIP）数据

生育的另一种选择：基于未婚妈妈的个案研究／高碧叶著. -- 北京：中国社会科学出版社，2025. 1.
（中国社会科学博士后文库）. -- ISBN 978-7-5227-3978-6

Ⅰ. D632. 1

中国国家版本馆 CIP 数据核字第 202424JS87 号

出　版　人	赵剑英
责任编辑	赵　丽
责任校对	王　晗
责任印制	李寡寡

出　　　版	中国社会科学出版社
社　　　址	北京鼓楼西大街甲 158 号
邮　　　编	100720
网　　　址	http：//www. csspw. cn
发 行 部	010 - 84083685
门 市 部	010 - 84029450
经　　　销	新华书店及其他书店

印　　　刷	北京君升印刷有限公司
装　　　订	廊坊市广阳区广增装订厂
版　　　次	2025 年 1 月第 1 版
印　　　次	2025 年 1 月第 1 次印刷

开　　　本	710×1000　1/16
印　　　张	11.25
字　　　数	189 千字
定　　　价	58.00 元

凡购买中国社会科学出版社图书，如有质量问题请与本社营销中心联系调换
电话：010 - 84083683
版权所有　侵权必究

第十一批《中国社会科学博士后文库》编委会及编辑部成员名单

（一）编委会

主　任：赵　芮

副主任：柯文俊　胡　滨　沈水生

秘书长：王　霄

成　员（按姓氏笔画排序）：

卜宪群　丁国旗　王立胜　王利民　王　茵

史　丹　冯仲平　邢广程　刘　健　刘玉宏

孙壮志　李正华　李向阳　李雪松　李新烽

杨世伟　杨伯江　杨艳秋　何德旭　辛向阳

张　翼　张永生　张宇燕　张伯江　张政文

张冠梓　张晓晶　陈光金　陈星灿　金民卿

郑筱筠　赵天晓　赵剑英　胡正荣　都　阳

莫纪宏　柴　瑜　倪　峰　程　巍　樊建新

魏后凯

（二）编辑部

主　任：李洪雷

副主任：赫　更　葛吉艳　王若阳

成　员（按姓氏笔画排序）：

杨　振　宋　娜　陈　莎　胡　奇　侯聪睿

贾　佳　柴　颖　焦永明　黎　元

《中国社会科学博士后文库》
出版说明

为繁荣发展中国哲学社会科学博士后事业，2012 年，中国社会科学院和全国博士后管理委员会共同设立《中国社会科学博士后文库》（以下简称《文库》），旨在集中推出选题立意高、成果质量好、真正反映当前我国哲学社会科学领域博士后研究最高水准的创新成果。

《文库》坚持创新导向，每年面向全国征集和评选代表哲学社会科学领域博士后最高学术水平的学术著作。凡入选《文库》成果，由中国社会科学院和全国博士后管理委员会全额资助出版；入选者同时获得全国博士后管理委员会颁发的"优秀博士后学术成果"证书。

作为高端学术平台，《文库》将坚持发挥优秀博士后科研成果和优秀博士后人才的引领示范作用，鼓励和支持广大博士后推出更多精品力作。

《中国社会科学博士后文库》编委会

摘 要

　　本书探讨在社会道德与经济压力并存的条件下，未婚妈妈如何作出未婚生育的选择，又是如何面对困境应对挑战的。通过质性访谈，本书意在了解未婚妈妈僭越性生育选择背后的原因，分享其对婚姻、生育和家庭的看法，探讨其生育僭越后遇到的困难，并透视公共领域中相关的个体、机构和网络在支持和帮助生育僭越者过程中所起到的作用。本书首先介绍了中国未婚生育政策，指出中国未婚生育政策正在进行调整，从过去的限制转向现在的默许，而诸多发达国家对于未婚/单亲妈妈在经济、就业、住房等方面实施政策支持，极大地改善了未婚妈妈的生存状况。其次通过与未婚妈妈的访谈，本书指出中国未婚妈妈选择生育僭越可能出于宗教的、情感的、身体的等多种因素。未婚妈妈群体里有一些是佛教徒，从宗教方面来说，佛教里的生命观、因果观促使她们作出生育选择。还有些未婚妈妈出于对胎儿的不舍，或者对伴侣的爱等情感因素而选择了未婚生育。未婚妈妈群体里还有一部分是受骗者，她们对伴侣的婚姻状况并不知情，或者对方隐瞒甚至谎称其婚姻和生育状况，这些女性在不知情或者被骗的情况下生下了孩子。在中国，本质主义母性依然被许多人所接受，因此有些女性基于对母性的向往，再加上对自身生育身体以及年龄的焦虑而最终选择成为未婚母亲。本书还揭示了未婚妈妈在生育僭越后所遇到的困难和挑战，比如给孩子落户、面对社会歧视以及平衡工作和育儿等。最后本书介绍了个体、机构和网络在营造未婚妈妈友好的社会环境、帮助未婚妈妈中所起到的作用。本书认为，未婚妈妈的生育僭越具有破坏与重建的双重作用，未来随着中国单身人口的增加、人口生育率的逐渐降低，可以考虑取消未婚生育的政策性障碍，给予单身女性更多的生育选择权利。

关键词：未婚妈妈，生育僭越，生育政策，社会歧视

Abstract

This research explores how unmarried mothers make the choice of giving birth outside marriage and deal with the challenge under the social stigma and economic pressure. Through qualitative interviews, this research aims to understand the reasons that unmarried mothers make transgressive reproductive choices, share their views towards marriage, reproduction and family, explore the difficulties they face after reproductive transgression, and present the roles that the individuals, organizations, and internet in the public sphere play in helping reproductive transgressors. The thesis first of all introduces the policies of unmarried birth in China, and points out the economic confiscation, deprivation of birth insurance and allowance, and the difficulty of household registration for children that unmarried mothers face, which is in contrast to the supportive policies that many Western countries issue including economic, work, and housing benefits. Through interviews with unmarried mothers, the thesis points out that unmarried mothers may make the reproductive transgressive choices out of religious, emotional, and corporeal reasons. There are Buddhists among the group of unmarried mothers, and the religious view of life and of karma might be the reason that they make the reproductive choices. Some unmarried mothers make the reproductive choice out of love for the fetus or their partners. There are some unmarried mothers deceived by their partners. They did not know the marital status of their partners, or their partners concealed or even lied about their marital status, and the unmarried mothers give birth under the condition of being deceived. In China, essential motherhood is still held by many people, and some women make the reproductive choice based on their desire for being a mother, or worry about their reproductive body or age. This thesis also unravels the difficulties and challenges that unmarried mothers face after reproductive transgression, including the difficulty of hukou registration for their child, social stigma, and the challenge in balancing work and childcare. The thesis finally introduces the roles that individuals, organizations, and the internet play in building friendly social environment for unmarried mothers, and helping unmarried mothers. It concludes by arguing that reproductive transgression of unmarried mothers has the double function of breaking and rebuilding. With the rapid increase of single citizens and decrease of population birth rate in China, the policy barriers to unmarried birth should be eliminated and single women can be granted with the right to reproduction.

Keywords: unmarried mothers, reproductive transgression, reproductive policy, social stigma

目　录

Contents

Contents

Contents

前　言

　　美国电影 The Switch（《换精计划》）讲述了一位美国纽约女白领凯西的爱情和生育故事。凯西年近四十，没有固定男朋友，在短时期内也没有结婚的可能，但是她非常想生孩子，于是决定采用人工授精的方法来实现。凯西最终选了罗纳德作为自己的捐精者，并在人工授精之前在家里举行派对庆祝自己的生育计划，还邀请了人工授精医生、捐精者罗纳德及其妻子、诸多好友来参加。中途爱慕凯西多年的好友沃利把罗纳德的精液换成了自己的，之后由于凯西搬去另外一个城市，五年时间里沃利没有告诉任何人。有一天凯西搬回纽约，沃利发现凯西开始和罗纳德约会，就在罗纳德准备向凯西求婚时，沃利最终忍不住说出了实情。故事结局皆大欢喜，凯西和沃利终于走在了一起，组建了幸福的家庭。

　　这部电影虽然有戏剧性的成分，但是有一些细节确实非常令人深思。首先，凯西在接受人工授精之前在家里举行单身生育的庆祝派对，甚至还邀请了捐精者罗纳德及其妻子，这说明在西方文化中单身生育不但不羞耻还是一种值得骄傲的、值得庆祝的行为，这和中国社会单身生育会遭受社会歧视形成了鲜明对比。其次，凯西作为单身未婚女性能够在美国实现人工授精，这在中国是不允许的，中国的生育政策只允许"不孕不育夫妻"接受人工授精。

　　作为一名中国人，笔者在日常生活中很少遇到单身未婚生育的女性。由于研究需要，从 2013 年到 2022 年间，笔者陆陆续续通过各种途径访谈了多位未婚生育女性。与她们的访谈中，笔者发现，绝大多数未婚母亲隐藏了自己未婚生育的身份，有些甚至对家人隐藏着身份，由此可见未婚生育者在中国可能遭受无形压力。不过近来也涌现了像凯西一样的主动单身生育者，她们通过海外人工授精的方式完成了生育，对于自己的生育选择充满了自豪感，可惜的是该类人群在单身母亲中所占比例比较低。

　　为何单身生育者的生存状态在美国和中国有如此大的差别？除了女性

个体差异之外，国家政策、社会道德和伦理的迥异起着很大的作用。中国合法生育的主体只能而且必须是夫妻。2016 年起中国新施行的《中华人民共和国人口与计划生育法》第十七条规定："夫妻双方在实行计划生育中负有共同的责任"，第十八条更加明确地指出，"国家提倡一对夫妻生育两个子女"。2021 年国家虽然放开了三孩政策，仍然只有夫妻才被认定为合法的生育主体。过去有些省的计划生育条例都规定对未婚生育行为进行经济惩罚——尽管不同省的罚款额度和方式不同。不过也有些省对未婚生育行为没有具体规定经济惩罚措施，默许了未婚生育的合法性。

未婚生育者在领取生育津贴等方面也会遇到一些政策性障碍，但是中国对于未婚生育的政策在调整，近年来出现了一些松动。2022 年 8 月 17日，在国家卫建委新闻发布会上，有媒体问及"生育津贴的发放有地区提出结婚证等前置条件，让一些未结婚但已生育的女性在办理生育津贴时可能存在障碍，有关部门是否考虑统一消除这些门槛？"对此，国家医保局待遇保障司副司长刘娟表示，《中华人民共和国社会保险法》遵循权利和义务对等，只要履行生育保险的缴费责任，国家层面在待遇享受方面是没有门槛的，而且在经办服务清单上，关于享受生育保险生育津贴所需提供的相关材料也不需要提问中说的那些材料（结婚证）。由此可见，未婚女性的生育限制正在逐渐被松绑，未来未婚生育女性在领取生育津贴方面所遭遇的政策阻碍会进一步减少。此外，于 2023 年 2 月 15 日起施行的《四川省生育登记服务管理办法》也规定，凡生育子女的公民，均应办理生育登记，这一规定取消了登记对象是否结婚的前置条件。

对于未婚妈妈而言，经济上的困难有时更多来自独自抚养、照料孩子的压力。在笔者遇到的未婚妈妈中，有很多因为生育而失去了工作，这使得她们照料孩子的经济压力增大不少。但是，在中国，道德上的谴责有时候比经济上的困难更加让人难以忍受。未婚妈妈尤其是与已婚男士生育的单身女性会遭到社会歧视，这些女性往往被贬损为"二奶""小三"等。"小三"指的是故意介入其他女性的感情或者婚姻，并与其对象或者丈夫保持亲密关系的女性；而"二奶"指的是那些长期与已婚男性保持婚外恋，并且经济上依靠该已婚男性的女性①。"小三"和"二奶"的指称本身

① S. Xiao, "The 'Second-Wife' Phenomenon and the Relational Construction of Class-Coded Masculinities in Contemporary China", *Men and Masculinities*, Vol. 14, No. 5, 1 December 2011, pp. 607 – 627.

是极度污名化的，是对对象的道德评判，而这两个语词又是性别化的，因为它们只指代和污名化女性。与之相反，在这一关系中的男性却因为有能力维系双重伴侣关系而被认为具有男子气概和拥有一定的经济实力①。除此之外，那些与未婚男士生育的单身女性同样会遭遇社会歧视，她们往往被认为不够自重，生活不检点等。

对于中国未婚妈妈来说，遭受经济和社会道德的双重压力是否公平？从另一方面来说，这些女性的生育选择又是超越传统的，因为她们不仅超越了社会规范性的以家庭为核心的性关系，还超越了传统一夫一妻制婚姻和家庭。尽管中国有着纳妾的传统习俗，自 1950 年《中华人民共和国婚姻法》颁布以来一夫一妻制就被承认是中国唯一合法的婚姻形式，1980 年新《中华人民共和国婚姻法》颁布之后也同样如此。和常规的在一夫一妻制度之下进行生育不同，未婚妈妈的生育体现了中国新时代所涌现出来的非常规的家庭、生育模式。

本书将探讨在社会道德与经济压力并存的条件下，未婚妈妈如何作出未婚生育的选择，又是如何面对困境应对挑战的。通过开放式访谈、口述历史、半结构性访谈等多种研究方法，本书意在了解未婚妈妈僭越性生育选择背后的原因，展现其日常生活和抚养过程中所遇到的困难和采取的应对措施，分享其对婚姻、生育和家庭观念的看法，并透视未婚妈妈社会团体建设和经营的现状。在本书我们能看到，未婚生育者之所以决定将非婚生子保留，可能出于宗教的、情感的、身体的、母性的等多重因素考量。作为单身母亲，她们在抚育孩子的过程中遇到了很多困难，但她们咬紧牙关，在困难面前绝不低头，尽量给自己的孩子创造最好的生存和发展条件。同时，我们也能看到个别的单身女性以及相关的机构在为单身女性生育权的实现而努力，为实现单身女性合理的生育权益而斗争，她们的行动更是在宏观上有力地推动了社会观念和社会政策的改变。本书不仅有助于了解新时代中国一夫一妻制家庭以外多元的生育和家庭模式，还能丰富当代家庭社会学理论，为中国未来生育、婚姻和家庭政策的改革，以至于社会公益机构的管理提供一定的政策建议。

---

① Graeme Lang and Josephine Smart, "Migration and the 'Second Wife' in South China: Toward Cross-Border Polygyny1", *International Migration Review*, Vol. 36, No. 2, 23 February 2006, pp. 546 – 569.

研究对象

单亲家庭在中国形成的原因有很多,包括丧偶、从未结婚、离婚等。2010年中国第六次人口普查的数据显示,缺损核心家庭户占中国家庭总户数的6.44%,比2000年时的7.19%有所下降;其中单亲父/母与未婚子女家庭的比例仅为3.08%,而1982年、1990年和2000年这一比例分别为6.56%、5.17%和3.79%,由此可见中国单亲家庭占比在降低。有学者认为,这一数据的降低可能和"未婚子女家庭数量减少、丧偶率逐渐降低和再婚率逐渐提高"有关。[1]

尽管单亲家庭占比小,鉴于中国人口基数庞大,数量并不少。有学者统计,2005年中国单亲家庭为2115万户,2010年为2485万户,2015年达到2690万户。单亲家庭中90%以上是因为离婚和丧偶,未婚生育、同性恋、坚持独身等因素仅占10%。[2] 中国对于未婚生育者、非婚生子数量并没有确切的统计数据。国家发改委副研究员万海远曾就"黑户"进行过调查,发现在全国15个省的1982个有效黑户个体中,非婚生育的占10.1%。根据中国第六次人口普查,全国黑户人员高达1300万,若按万研究员的调查进行估算,全国非婚生育人口可能超过百万。[3]

未婚生育者可以是男性也可以是女性,但是纵观各国的情况,未婚妈妈的数量远远超出未婚爸爸的数量,即使在单亲家庭中,由女性主导的单亲家庭数量也远远高于由男性主导的单亲家庭数量。根据《中国家庭发展报告2014》的统计数据,2010年中国单亲家庭为2396万户,成为单亲家庭的原因以离异为主,其中70%为单亲母亲家庭。不过和西方国家相比,中国单亲家庭的比例依然较低,根据英国单身母亲非政府组织Gingerbread2018年的报告,在英国有170万单亲家庭,占到了总家庭数的20%左右,而单亲家庭中90%是单身母亲家庭。

---

① 胡湛:《传统与超越:中国当代家庭变迁与家庭政策》,社会科学文献出版社2018年版,第46页。
② 任静远:《我国单亲贫困家庭社会救助问题研究》,硕士学位论文,吉林财经大学,2016年,第1页。
③ 李钰桦:《"生"不由己:中国单身女性生育之困》,https://www.huxiu.com/article/367360.html。

改革开放以前，中国社会对于婚外情现象基本持谴责态度，婚外情、性甚至婚前性行为都比较少。随着改革开放的进程，中国逐渐出现了性革命①，不少年轻人对于婚前和婚外性行为持开放态度，未婚怀孕和生育现象渐渐出现。Lang 和 Smart 的研究指出当代中国存在传统一夫多妻制复兴的趋势，根据他们的推测，20 世纪 90 年代可能有超过 25000 个香港人在内地包养情妇或者二奶。② 随着中国与其他国家发展更紧密的商业和经济联系，滋生了依靠新兴富商和腐败官员生活的新一代年轻女性。③

本书将重点聚焦单亲家庭中的未婚生育母亲，这不包括因离婚或者丧偶而成为单亲的女性。之所以单单聚焦未婚生育女性，是因为相比于丧偶和离婚的单亲母亲，未婚母亲会遇到更多经济上的限制，也会遭受更多的社会歧视，正如笔者在文章开头所讲到的部分未婚妈妈可能被污名化为"二奶""小三"。因此，不管在经济上还是道德上，未婚生育女性在所有单身女性中属于最边缘的人群。但是未婚生育者又具有僭越性，她们僭越了传统的以家庭为基础的性、婚姻和生育伦理，在婚姻之外作出了性和生育的选择，关注这类生育者能更好地了解中国存在的新型生育僭越人群。

值得指出的是，在中国 1994 年出台《婚姻登记管理条例》之前，很多地区尤其是农村地区不少夫妻并没有登记结婚且取得结婚证，这些以夫妻名义长期同居而没有结婚的关系在法律上仍被认为事实婚姻关系。1994 年的《婚姻登记管理条例》规定了法律认可的婚姻必须以登记作为前提，使得婚姻关系的认定进一步规范化。本书所指的未婚生育者并不是事实婚姻下的女性，而是在颁布《婚姻登记管理条例》之后依然主动选择在婚姻关系之外生下孩子的单身者，包括未婚生育者、婚外生育者等。

笔者在研究中避免用"二奶""小三"这样的词汇而是统一用未婚妈妈来指称这一群体，因为首先在包养关系中，往往是男性已婚并婚外生育，由未婚的女性来承担这样的道德谴责是不合理的，"二奶"这个称谓本身就代表了男权文化中对女性的诋毁；其次很多未婚妈妈并没有在经济

---

① James Farrer, *Opening Up: Youth Sex Culture and Market Reform in Shanghai*, Chicago: University of Chicago Press, 2002.

② Lang and Smart, "Migration and the 'Second Wife' in South China: Toward Cross-Border Polygyny1", *International Migration Review*, Vol. 36, No. 2, 23 February 2006, p. 555.

③ John L. Osburg, *Engendering Wealth: China's New Rich and the Rise of an Elite Masculinity*, University of Chicago, 2008.

上依靠男性, 反而自己独立抚育孩子, 或者对方只根据法律规定给予孩子基本的抚养费, 而女性承担了日常照顾孩子的重任, 有些还是在被欺骗的条件下与已婚者生下孩子, 因此一律把与已婚者生育的未婚妈妈定义为"二奶"也是不合理的; 再次, 在笔者与这些未婚妈妈接触的过程中, 笔者发现所有的人几乎避免称自己为"二奶", 而有研究也表明, "受访者通常都不会自称'二奶'或把女伴称为'二奶', 她们在讲述中更常用的是'女朋友'、'男朋友'、'朋友'、'(我)男人'等称呼……她们喜欢用'我跟人家不一样'这样的说法来将自己描述为例外"。[①] 因此, 将一个受访者自身都不喜欢的称谓强加到她们头上显然是对受访者的不尊重。本书中, 笔者将统一用未婚母亲或者单身母亲来形容未婚/婚外生育的女性, 这也是笔者为"二奶"去污名化的一种努力。

研究方法

关于中国生育问题的研究, 绝大多数是从人口学的角度采用统计学定量方法对生育率、出生率、死亡率、避孕率等指标进行统计和计算。[②] 比如, 《中国的人口控制》这本书就介绍了在中国设计生育政策过程中所采取的人口控制数学模型, 像"Liapunove 稳定性概念", "长期控制投射"以及"人口系统的稳定性理论"等[③]。Elisabeth Croll 等人则展示了中国历史上的生育率改变、城市和农村地区计划生育政策的规定和执行、计划生

---

① 肖索未:《欲望与尊严: 转型期中国的阶层、性别与亲密关系》, 社会科学文献出版社 2018 年版, 第 24 页。

② Tyrene White, *China's Longest Campaign: Birth Planning in the People's Republic* 1949 – 2005, Cornell University Press, 2006; Yaqiang Qi and William M. Mason, "Prenatal Sex-Selective Abortion and High Sex Ratio at Birth in the Rural Henan Province", *Chinese Sociological Review*, Vol. 44, No. 3, 1 April 2012, pp. 34 – 55; Dudley L. Poston, ed., *Fertility, Family Planning, and Population Policy in China*, Routledge Studies in Asia's Transformations, London; New York: Routledge, 2006; Tyrene White, *Family Planning in China*, M. E. Sharpe, 1992; Tu Ping, "IUD Discontinuation Patterns and Correlates in Four Counties in North China", *Studies in Family Planning*, Vol. 26, No. 3, 1995, pp. 169 – 179.

③ Jian Song, Chi-Hsien Tuan, and Jingyuan Yu, *Population Control in China: Theory and Applications*, New York: Praeger, 1985.

育措施的数据、人口生育率的趋势以及政策对于家庭模型的影响①。Scharping 进一步展示了从 1949 年到 2000 年计划生育政策如何受到政治、经济和社会因素的影响，并分析了政策的不同阶段、婚姻趋势、生育率趋势、性别和年龄结构②。虽然上述文献展现了计划生育政策的历史发展过程，突出了中国人口数据以及家庭和生育率模型，本地女性的经验和声音并没有被展现出来。定量方法固然能够很好地从整体上把握中国人口变化的动态，却很难展现政策对人的生活的影响。

中国很多未婚妈妈在现实生活中隐瞒自己未婚的身份，为此，笔者很难去统计未婚妈妈的数量以及她们的职业、年龄、地区分布。再加上笔者关注的并不是定量的数据，而是定性的话语，因此本书主要采取了定性的调查方法。笔者与未婚妈妈的访谈时间断断续续从 2014 年延续到 2020 年，不过集中访谈时间主要是 2014 年到 2015 年以及 2019 年到 2020 年。整个采访过程进行得并不顺利，这不仅因为这类人群在中国并不多，而且因为这些人往往不公开自己的身份。在笔者所接触的未婚妈妈中，有些甚至在网上买假的结婚证以使其亲朋好友相信她已经结了婚。将自己的身份保密是未婚妈妈摆脱社会歧视的重要方式之一，而公开自己身份往往会带给她们焦虑甚至麻烦。由于未婚妈妈非常注重自己身份的保密，因此私人关系在获得未婚妈妈受访权限中并不重要，相反，陌生还能带给她们想要的匿名和安全感。

在日常生活中，笔者基本没听说过身边有未婚妈妈的存在，只好将眼光转向了网络。网络空间中未婚妈妈比较活跃的地方首先是百度贴吧，其有一个专门的未婚妈妈贴吧。笔者在百度贴吧发了一个介绍自己身份和目前所从事研究的帖子，并把自己的手机号和邮箱地址留在下面，假若她们愿意分享其故事可以主动联系笔者，但只有一个未婚妈妈主动联系笔者。笔者还试图在百度贴吧给某些比较活跃的未婚妈妈发站内信，但是回复笔者的也寥寥无几。由于这些方法都不是很成功，笔者将注意力逐渐转向了 QQ 群。在浏览未婚妈妈贴吧的帖子中，笔者发现了几个专门为未婚妈妈组建的 QQ 群。笔者申请加入这些 QQ 群，很幸运的是所有的 QQ 群主都同

① Elisabeth Croll, Delia Davin, and Penny Kane, eds. , *China's One-Child Family Policy*, Basingstoke, Hampshire：Macmillan, 1985.

② Thomas Scharping, *Birth Control in China*, 1949 - 2000：*Population Policy and Demographic Development* （Chinese Worlds）, London；New York：Routledge, 2005.

意了笔者的申请。

笔者共加了 6 个 QQ 群,这些群成员人数从 100 到 1200 不等,6 个群中有 3 个是由一个叫"互生"①的佛教组织组建的。笔者在这些 QQ 群中发消息介绍自己的研究,并且表达了想了解她们故事的意愿,但是依然很少有人主动联系笔者。最后,笔者便主动给这些群里比较活跃的未婚妈妈发消息,一个个问她们是否愿意分享自己的故事。这个方法比前两个方法的效果要稍微好点,但是也不尽如人意。由于不少未婚妈妈遭受了严重的社会歧视和痛苦,许多都不愿意说出自己的故事。有一位未婚妈妈的拒绝理解很能代表她们的想法,"对于我们来说,每一次述说过去的经历,就会让我们好不容易平静下来的心再一次经历过去的痛苦、愤怒和伤心"②。有些未婚妈妈在访谈过程中还情不自禁地流下眼泪。为了不让采访再次过多地给她们造成伤害,笔者总是称赞她们在抉择过程中的勇气,在生活中的坚强和善良,并保证其知情权和匿名权。

2019 年,笔者在中国社会科学院社会学研究所从事博士后研究,继续研究未婚妈妈群体。当年笔者发表了两篇关于未婚妈妈的媒体文章:《未婚妈妈:生活在中国的"隐形群体"》③ 和《为什么有些女性会选择未婚生育?》④。有未婚妈妈在文章下留言,"你好,我们是一个一线城市的未婚妈妈群体,请问怎样能联系到高碧叶高博士",并留下了她的联系方式。通过这位未婚妈妈,笔者得以进入一个有着七十多位未婚妈妈的微信群,并在那里访谈了多位未婚妈妈。除了访谈未婚妈妈,2019 年笔者还与帮助未婚妈妈的社群进行联系,并对相关负责人进行了访谈。

笔者访谈的未婚妈妈住在不同的城市且几乎不愿意接受面对面访谈,只有一位未婚妈妈例外,愿意见面,其他都是电话访谈。和面对面访谈相比,电话访谈有些劣势,比如没有办法看到对方的表情,也没有办法和被访者进行日常交流,更不能进行参与式观察,但是好处在于可以很好地保护被访者的隐私以及匿名的诉求,而这对于打消未婚妈妈个人叙事的顾虑恰恰是至关重要的。

定性的方法能够很深入地了解被访者的经历,但是它也有一定的缺

---

① 为了保护机构隐私,该机构名称为匿名。

② 某位未婚妈妈的 QQ 留言。

③ 高碧叶:《未婚妈妈:生活在中国的"隐形群体"》,《澎湃新闻》2019 年 3 月 6 日。

④ 高碧叶:《为什么有些女性会选择未婚生育?》,《缪斯夫人》2019 年 2 月 20 日。

陷，尤其是它的数据样本偏小导致很难提出普遍性的结论。不过由于本书更加关注未婚妈妈的选择经历、情感和认知，定性方法能实现这一研究目的。笔者所运用的定性研究方法主要是生命故事和开放式访谈。这两种研究方法的好处是能够最大限度地让被访者讲故事，不受访谈问题的制约。通常笔者会要求未婚妈妈根据时间线来讲述她们的故事，很多未婚妈妈在讲述她们的经历时都口若悬河，这极大地丰富了笔者所获得的质性数据。不过对于那些不善言辞或者比较有戒备心的未婚妈妈，笔者不得不问更多具体的问题以使访谈继续下去，具体的问题包括她们是如何认识其伴侣的，怀孕是计划中的还是计划外的，为什么决定生下这个孩子，是否告诉了她们亲人和朋友自己的境况，是否后悔自己的选择，以及她们对自己家庭生活的长远规划，等等。对于有些未婚妈妈，笔者还采取了多次访谈的方法，多次访谈一方面能更好地验证被访者叙述的可信性，另一方面能扩大被访者叙述的深度和广度。不过有少部分受访者明确表示希望笔者有一个访谈大纲，包含笔者的访谈目的、所要问的问题、笔者的学术背景，以及研究的主要内容，因为她们希望对笔者和笔者的研究有所了解，并有时间准备问题的答案，这会让她们对访谈更具确定性，更加胸有成竹，假如面对突如其来的问题尤其是比较敏感的问题她们会因慌张而不知如何回答。

笔者共访谈了 16 位未婚妈妈（被访者详细背景如表 1 所示），以及 3 位社群负责人。为了保护被访者的隐私，笔者没有问她们的真实姓名，在引用她们故事的时候，笔者用的也是假名。这些未婚妈妈绝大多数没住在自己的出生地，移居是她们摆脱社会歧视的重要途径之一。笔者没有刻意寻找年轻的被访者，可出乎意料的是被访者非婚生育时间都在 2008 年之后——也就是计划生育政策变得相对宽松的时期。这也就意味着在性道德和计划生育政策执行力度十分严格的八九十年代，未婚生育现象更加少见。只有一个未婚妈妈有两个孩子（一个是婚生一个非婚生），其他的未婚妈妈只有一个孩子。由于本研究具有一定的敏感性，笔者将高度重视保密性和匿名性，除此之外，还遵守知情同意、避免伤害等其他研究伦理，以保障被访者应有的权利。

值得指出的是，笔者所接触的访谈对象并不包括未成年女性，也不包括以一夜情等方式怀孕甚至可能自身都不知道小孩父亲是谁的未婚生育女性，还不包括在极端情况下比如强奸、性暴力等方式下怀孕而非婚生育的女性。笔者所访谈的对象基本和男方都有一定的感情基础,而且都是成年人。访谈对象中也不包括主动到海外以人工授精方式完成生育的女性,所有的女性都是通过自然怀孕的方式生下的非婚生子女。

表1 访谈对象及其基本特征①

编号	名字	年龄	户口地	孩子年龄 (以受访时间计算)	职业
A1	小冰	30	农村	10 个月	无
A2	雨露	28	农村	3 岁	无
A3	小青	26	城市	4 个月	销售
A4	钟小姐	38	城市	2 岁 8 个月	无
A5	丹	31	农村	3 岁	无
A6	波波	29	农村	3 岁	无
A7	桂花	43	城市	6 岁	财务总监
A8	婷儿	26	农村	3 岁	销售
A9	格子	34	县城	1 岁多	做服装生意
A10	梦儿	24	县城	半岁	影视
A11	天空	36	县城	2 岁半	无
A12	小项	40	城市	1 岁	无
A13	欣欣	42	城市	5 岁	外企职员
A14	小燕	32	农村	2 岁	打工者
A15	灰灰	34	农村	3 岁	IT 从业者
A16	阿妹	31	城市	2 岁	国企职员

各章内容介绍

本书第一章介绍当前国家生育政治舞台上生育话语的转换,从人口控制到生育权,再到生育正义。由于未婚妈妈的生育行为属于生育僭越行为,本书还对生育僭越概念做了详细的介绍。第二章梳理目前国内外学术界对于未婚妈妈的研究,指出国外学术界存在两种截然不同的对未婚妈妈

---

① 名字都为化名。

的叙事方式，一种观点赞扬未婚妈妈的行为，称她们为争取自身生育权而努力，展现了其智慧和勇气，另一种观点则认为未婚妈妈的选择是不负责任的不道德的，且容易使其陷入贫困，给国家财政造成负担。这一章还指出中国学术界对未婚生育问题研究存在的不足。第三章主要梳理中国未婚生育相关的政策，简要介绍未婚妈妈生育选择的政策背景。该部分探讨中国的国家政策如何规制生育行为且将生育行为限定在婚姻制度中，并介绍国外不同国家和地区对于单身生育女性的政策。

第四章到第七章分别从宗教、情感和身体等方面论述了中国女性选择未婚生育僭越的原因，探究中国女性在政策和道德双重压力下为什么会作出未婚生育的选择。通过展示不同未婚妈妈的生育选择过程，分析其选择背后的原因，指出未婚生育的原因在当代中国是复杂的多元的，因此试图将所有生育控制在婚姻范围之内也是不可能的。

第四章展现了不同的佛教教义——"生命观""因果观""超度婴灵""保护生命的荣耀"等如何塑造佛教徒母亲的生育观念，并影响其生育选择。与主流的认可和接受流产行为不同，这些佛教徒母亲极力反对流产。在宗教、政策和道德的三重角力中，宗教信仰最终胜出，决定了佛教徒母亲的生育行为。第五章论述了情感对于女性生育选择的影响。从未婚母亲的叙述中，笔者看到对胎儿的依恋、对未婚伴侣的爱都能成为其作出僭越选择的理由。不过情感也有可能被利用，不少未婚母亲就落入了其伴侣的感情陷阱，被欺骗而不得已沦为了未婚母亲。当然，还有些女性曾经经历了不孕不育的痛苦，有些随着年龄的逐渐增长，或者曾经有过流产的经历增加了其对于生育身体的焦虑，出于对母性的向往而选择了未婚生育，这些人的故事将在第六章详述。

第七章则将论述重点转向未婚妈妈生育僭越后遇到的困难：比如给孩子落户、面对社会歧视、平衡工作和育儿等。从母亲的论述可见，为了给孩子落户，未婚妈妈想了很多办法，包括花钱打通地方关系、和伴侣短暂结婚、把孩子户口落到省外亲戚家、等待国家政策的改变等。而面对社会歧视，绝大多数未婚母亲选择了逃避熟人圈或者隐瞒自己的婚姻状态。此外，单身女性在平衡工作和育儿问题上捉襟见肘，母亲中有些通过去城市打工、将孩子交给父母照顾，或者再婚来提升自己的经济水平，还有些女性会雇用育儿嫂来分担自己的育儿重担，不过母亲也有可能会和育儿嫂发生矛盾。

　　第八章重点关注当前公共领域中个体、机构和网络在帮助未婚妈妈上所起的作用。该章首先论述当前社会比较火热的生育津贴案、冻卵案、单身女性寻找捐精者以及单身女性海外接受人工授精的个案，展现公共领域中个体是如何为单身女性的生育权而呼吁的。其次，基于对两个未婚母亲社会团体主要负责人的访谈，该章还展示未婚妈妈社会团体在中国发展的现状和困境，包括注册的困难、经营的困难、资金获取的困难甚至活动场地获取的困难，突出社会团体在帮扶困难个体、政策倡导和改变社会观念中所起到的作用。该章还关注网络社区中的未婚妈妈团体，探讨网络社区的兴起对于未婚母亲群体的作用。在当前的生育政策下，很多未婚妈妈由于缺少社会和家庭支持，独自抚养孩子十分艰辛，有些甚至面临失业的风险或者处于无业状态。而由于未婚妈妈身份并没有得到国家认可，相关公益机构的成立和经营也十分困难。该部分的论述有力地体现了中国在基层组织倡导方面的缺失，以及网络社区发展的限制。本书在推动政策改革的同时，也希望推动未婚妈妈相关公益机构的诞生，让更多贫困未婚妈妈及其孩子能够得到社会机构的帮助。

　　本书结论部分总结未婚生育的僭越行为所起到的破坏和重建作用，探讨僭越行为本身在破坏传统性和婚姻伦理以及一夫一妻家庭制度的同时如何带来新的生育和家庭观念的形成，并进一步思考单身母亲母职实践在中国意味着什么，由此指出未婚生育现象对于中国现存政策的启示作用。

第一章 生育话语转换与新的生育僭越行为

　　国际生育政治舞台上，生育话语历经了多次转换，从最初的人口控制到后来的生育健康、生育权、生育正义等概念的兴起。生育权将生育视作基本人权，不管是已婚者、同居者还是单身者都应该具有生育权利和自由。生育正义则综合了生育健康、生育权等概念的多重内涵，强调了建立社会运动来实现生育正义的重要性。

　　未婚妈妈的生育选择实际上是具有僭越性质的，因此本章将重点介绍生育僭越这一概念的内涵。未婚妈妈作出未婚生育的选择不仅是一种生育僭越，还是其追求自身生育权的一种努力，也是实现生育正义的题中之义。不同的未婚母亲对于生育正义的诉求并不相同，有些人希望自身的信仰得到尊重，有些人希望得到更多经济和就业的帮助，有些人则希望带来社会政策和观念的改变，不过不变的是大家都希望能自由地决定自己的生育选择。在某种程度上，生育僭越是实现生育权和生育正义的一种方式。

第一节 从"人口控制"到"生育权"

　　1798 年马尔萨斯发表的《人口原理》标志着人口控制话语的诞生，并构成了人口学研究领域的基础理论。在该书中，马尔萨斯认为人口在无妨碍时会以几何级数增加，而人的生活资料只会以算术级数增加，由此人口和土地生产力之间会产生不平衡。马尔萨斯认为人口增长必须有一个限度，不然会导致人口贫穷、土地贫乏、资源稀缺等问题。①

　　马尔萨斯的人口控制论在人口学界产生了重大影响，20 世纪 50 年代以来联合国召开的多次世界人口大会上，"人口控制论"都成为会议的重要议题。1954 年在罗马召开的第一次世界人口会议，1965 年在南斯拉夫首都贝尔格莱德召开的第二次世界人口会议，1974 年在罗马尼亚首都布加勒斯特举办的第三次世界人口会议，1984 年在墨西哥城举办的第四次世界人口会议，与会的专家和学者都意识到了世界人口问题的严峻性，提倡将人口控制作为各个国家和政府的重要工作目标之一。其中，布加勒斯特会议通过了《世界人口行动计划》，墨西哥城会议则通过了《墨西哥城人口与发展宣言》和《进一步执行〈世界人口行动计划〉的建议》，这些计划、宣言和建议成为国际社会关于人口发展的重要文件。《建议》指出，人口目标和政策是社会、经济及人类发展基本目的的一部分；人口增长、高死亡率和患病率以及迁移是造成人口问题的原因，需要对此迅速采取行动。为了解决人口增长问题，控制人口数量是这些会议一致提出的解决方案。

　　20 世纪 90 年代，国际生育政治的话语逐渐由人口控制转变成生育权。早在 1968 年《德黑兰宣言》中，生育权就被认为是基本人权，其内容包括自由负责地决定子女人数和生育间隔，即"父母享有自由负责决定子女人数及其出生时距之基本人权"。1979 年联合国通过的《消除对妇女一切形式歧视公约》中也申明需要"念及母性的社会意义以及父母在家庭中和在养育子女方面所负的任务的社会意义，并理解妇女不应因生育而受到歧视，因为养育子女是男女和整个社会的共同责任"。1994 年在北京召开的第四次世界妇女大会通过了《北京宣言》和《北京行动纲领》，其中《北京宣言》第 17 条指出，要"明白确认和重申所有妇女对其健康所有方面特别是其自身生育的自主权，是赋予她们权力和能力的根本"，而《北京行动纲领》则强调，武装冲突侵犯妇女权利、对妇女的系统性的强奸、性奴役、强迫怀孕、强迫绝育、强迫堕胎以及杀害女婴是侵犯妇女的暴力行为。

　　1994 年在开罗召开的国家人口与发展大会成为了国际生育政治的重要转折点，该会议以"人口、持续的经济增长和可持续发展"为主题，总结交流了过去 20 年各国执行《世界人口行动计划》所取得的成就和经验，

---

① ［英］马尔萨斯:《人口原理》，朱泱等译，商务印书馆 1992 年版。

最后协商一致通过了《国际人口与发展大会行动纲领》，该纲领提出了一系列原则、建议和目标，被普遍认为是未来 20 年全球人口与发展领域中的指导性文件。虽然该会议上人口控制依然被强调，"生育权"概念首次被引入世界人口大会并得到了更多学者和与会专家的肯定。会议将"生育权"定义为："所有伴侣和个人都拥有自由地、负责任地决定他们孩子数量、间隔和出生时间的基本权利，拥有获得性和生育健康最高标准的权利。它还包括人们拥有做生育决定而不受歧视、压迫和暴力的权利，正像在人权文件中所表述的那样。"①

上述对于生育权的定义中强调了以下几点：首先，享受生育权的包括伴侣也包括个人；其次，伴侣和个人有自由和负责任地决定他们孩子的数量、间隔、出生时间，有能够获得实现此目的的信息和方式，并享有性和生育健康最高标准；最后，伴侣和个人能自由做生育决定而不受歧视、压迫和暴力。该会议还特别强调了"应敦促各国政府和各有关的政府间和非政府组织增强它们对维护妇女健康的承诺，把不安全堕胎对健康造成的影响视为主要的公共保健问题加以处理，并通过扩大和改善计划生育服务减少诉诸堕胎的行为。意外怀孕的妇女应可随时得到可靠的信息、关爱的咨询"②。

随着第二波女权主义的发展，越来越多的女权主义者为获得自由生育权而努力，她们宣扬"我的身体，我的权利"（My Body，My Rights）的口号，认为在不影响健康的前提下女性有选择流产的自由。③ 不少国际组织在世界各地展开生育权的倡导活动，其中比较有影响力的研究和倡导组织

① "The basic rights of all couples and individuals to decide freely and responsibly the number, spacing and timing of their children and to have the information and means to do so, and the right to attain the highest standard of sexual and reproductive health. It also includes their right to make decisions concerning reproduction free of discrimination, coercion and violence, as expressed in human rights documents." United Nations, Report of the International Conference on Population and Development, 1995, Paragraph 7. 3.

② United Nations, Report of the International Conference on Population and Development, 1995, Paragraph 8. 25.

③ S. Corrêa and Rebecca Lynn Reichmann, *Population and Reproductive Rights: Feminist Perspectives from the South*, London; Atlantic Highlands, N. J.: New Delhi: Zed Books; Kali for Women in Association with DAWN, 1994; Linda Gordon, *Woman's Body, Woman's Right: Birth Control in America*, New York, NY: Penguin Books, 1990; Rosalind P. Petchesky, *Abortion and Woman's Choice: The State, Sexuality, and Reproductive Freedom*, (The Northeastern Series in Feminist Theory), Boston: Northeastern University Press, 1990.

有"新时代女性另类发展"(Development Alternatives with Women for a New Era)和"国际生育权研究行动组"。国际生育权研究行动组研究者认为,尽管不同地区女性对于生育、避孕、流产和性有着不同的观念,但是研究者基本能达成这一共识——"所有女性都应该能够控制什么时候,是否,和谁有小孩,以及拥有支持的外在条件使这种自我决定成为可能"[1]。新时代女性另类发展项目的研究者科利亚(Corrêa)和莱希曼(Reichmann)在诸多发展中国家开展生育健康调查后则认为需要取消阻碍女性实现生育权的文化、法律和经济障碍,她们坚信任何以保护文化、国家主权和宗教为借口妨碍女性生育权普遍实现的文化相对主义或者道德至上主义都应该被消除。[2] 这两个在生育权框架下从事的研究都强调了女性应该有作出生育选择的自由,这种自由不因为特殊的文化、宗教、地域、道德而改变,而这里的女性既包括已婚的也包括未婚的。

第二节　性和生殖健康

20 世纪 90 年代,与生育权同时兴起的还有性和生殖健康的概念。生育权概念主要由女权主义和人权组织机构倡导,而性和生殖健康的主要倡导者则是世界卫生组织(World Health Organization)。1990 年世界卫生组织人类生殖研究特别规划署首次提出了生殖健康概念,近年来世界卫生组织对于性和生殖健康的定义为:人们应该能够"拥有满意的安全的性生活,以及生育的能力,同时还有自由去决定是否以及多久去过性和生育生活"[3]。和生育权相比,性和生殖健康的概念在医学领域被广泛使用。"性和生殖健康提供一系列以顾客为核心的临床护理",它的核心有两个:"提

---

[1] S. Corrêa and Rebecca Lynn Reichmann, *Population and Reproductive Rights : Feminist Perspectives from the South*, London; Atlantic Highlands, N. J. : New Delhi: Zed Books, p. 93.

[2] S. Corrêa and Rebecca Lynn Reichmann, *Population and Reproductive Rights : Feminist Perspectives from the South*, London; Atlantic Highlands, N. J. : New Delhi: Zed Books.

[3] World Health Organization, 2017. Consolidated guideline on sexual and reproductive health and rights of women living with HIV.

· 16 ·

供避孕措施",以及"诊断和治疗性传播疾病"①。

实际上在1994年的开罗会议中,性和生殖健康也被提及。生殖健康被定义为:"在所有和生殖系统有关的功能上和过程中,身体、心理和社会适应要处于完好状态,而不仅仅是没有疾病和虚弱。"②《行动纲领》的第七章"生育权利和生殖健康"进一步规范了性和生殖健康的内涵:"人们能够进行负责、满意和安全的性生活,而不担心传染疾病和意外妊娠;人们能够生育,并有权决定是否、何时生育和生育间隔;妇女能够安全地妊娠和分娩,妊娠结局是成功的,婴儿存活并健康成长;夫妇能够知情选择和获得安全、有效和可接受的节育方法。"③ 由此可以看出,性和生殖健康除了强调人们生育的权利之外,还强调人们性行为、妊娠和分娩过程、使用避孕药具的健康,以及母婴保健水平的提高。

当然,生殖健康还和科学医学信息的获得、教育以及免受外在歧视和暴力的客观环境息息相关,比如联合国妇女署对于生育健康的定义就强调了科学信息获得这一方面:"保障人们普遍能够获得性和生殖健康、生育权利。女性有权利免受歧视和暴力,自由地控制和决定与其有关的性问题,包括性和生殖健康。为此,她们需要必要的信息、教育和服务。"④

在开罗会议上,由于生育权和生殖健康概念被同时提及,很多学者都指出了生育权和健康的不可分割性,比如科利亚就指出将生殖健康和生育权概念综合起来的重要性:"每个国家在实施这一政治策略的时候都有特别的优先项,但是一致而且持续地强调在执行过程中综合健康和权利的重

---

① Catriona Melville, *Sexual and Reproductive Health at a Glance*, Chichester, West Sussex, UK; Malden, MA: John Wiley & Sons Inc. , 2015, p. 60.

② Translation of "a state of complete physical, mental and social well-being and not merely the absence of disease or infirmity, in all matters relating to the reproductive system and to its functions and processes", United Nations, Report of the International Conference on Population and Development, 1995, Paragraph 7. 2.

③ United Nations, Report of the International Conference on Population and Development, 1995.

④ 参考联合国妇女署网页:http://www. unwomen. org/en/what-we-do/post-2015/why-goal-5-matters, "Ensure universal access to sexual and reproductive health and reproductive rights. Women have the right to live free of discrimination and violence, and to control and decide freely on matters related to their sexuality, including sexual and reproductive health. For this, they need access to essential information, education and services. "

要性是毋庸置疑的。"① 不仅如此,科利亚还特别提到流产和 HIV/AIDS 问题,并认为二者不仅仅是权利问题,也是一项健康问题。首先,就流产来说,坚持健康原则就意味着谴责非法流产,并认为非法流产是导致女性死亡的重要原因之一;而坚持权利原则则会声称女性终止妊娠的权利是基础的不可剥夺的,是受到个体人权基本原则保护的。②也就是说,流产中对健康原则的坚持会推动流产的合法性以及安全性的实现,而对权利原则的坚持则会保护女性不可剥夺的终止妊娠的权利。二者并不是互相割裂的,相反,二者需要综合起来共同促进女性的福祉。与之类似的还有 HIV/AIDS 问题。如果说,在早期女权主义者更多地注意流产权利,后期才慢慢将流产健康提上议程;那么在 HIV/AIDS 问题上,早期是将其视为一个健康问题,后期才将其纳入权利议题。HIV/AIDS 作为一个健康问题很好理解,毕竟 HIV/AIDS 本身就是身体出现健康状况的一个表现,而它之所以又是权利问题首先在于感染了 HIV/AIDS 的人的工作、婚姻等权利应该被尊重,其次在 HIV/AIDS 扩散的过程中,不断繁荣的性产业本身就会涉及人权的问题。

但是值得注意的是,生育权利和健康在不同国家施行的时候也遇到了一些困难。比如首先不同国家存在着不同的文化理念。生育权利和健康的前提是预设了个体主义以及身体完整(bodily integrity),而这种预设是西方主义的。生育权的核心是人具有自由选择的权利,但是任何不考虑具体社会、文化、经济情境的选择是没有意义的。不仅如此,由于不同国家有不同的法律,很多国家与生育相关的法律是和生育权利和健康相违背的,因此要在这些国家推行生育权利和健康的理念是难上加难。最后,市场本身也会对推行生育权利和健康理念造成困难。市场力量在很多国家被用来决定健康资源的分发,而这些资源本身是应该被公民广泛拥有的。健康产业和医院的私有化会进一步限制贫困女性对健康产品的获得机会。③

① S. Corrêa and Rebecca Lynn Reichmann, *Population and Reproductive Rights: Feminist Perspectives from the South*, London; Atlantic Highlands, N. J. : New Delhi: Zed Books, p. 68.
② S. Corrêa and Rebecca Lynn Reichmann, *Population and Reproductive Rights: Feminist Perspectives from the South*, London; Atlantic Highlands, N. J. : New Delhi: Zed Books, p. 71.
③ S. Corrêa and Rebecca Lynn Reichmann, *Population and Reproductive Rights: Feminist Perspectives from the South*, London; Atlantic Highlands, N. J. : New Delhi: Zed Books, pp. 76 –88.

第三节　生育正义

生育正义是根据美国种族不平等的生育政治而提出的，该理论从出现就和黑人女权主义思想密不可分，它吸收了黑人女权主义学者金伯利·科伦索（Kimberly Crenshaw）和帕特丽夏·希尔·柯林斯（Patricia Hill Collins）的"交叉性理论"（Intersectionality）。生育正义不仅仅重视理论建设，更注重实践和行动主义，希望能够通过行动改变社会不平等的现实，推动生育正义的实现。

生育正义首先被"姐妹歌"（SisterSong）——一个跨国的有色女性生育组织提出，"姐妹歌"的创始人为洛若塔·罗斯（Loretta Ross），她写了诸多文章和著作介绍生育正义理论，这些文章和著作成为生育正义定义和内涵的重要来源。[①]根据罗斯的定义，生育正义指"女性和女孩完全的身体的、精神的、宗教的、政治的、社会的和经济的福祉，它基于女性人权保护的完全实现"[②]。生育正义概念进一步由亚洲生育正义社区（Asian Communities for Reproductive Justice）推广，并突出了土著女性和有色女性需要为以下权利而奋斗：（1）拥有孩子的权利；（2）不拥有孩子的权利；（3）抚育自己孩子的权利，管控自己的生育选择。生育正义还强调为满足这些权利所需要的客观条件而斗争的重要性，生育正义运动不单纯追求流产自由，更为了实现宏观的社会正义而奋斗。[③]

具体说来，生育正义包括三个框架的组合：生育健康——一个服务实

---

① Loretta Ross, ed. , *Radical Reproductive Justice*: *Foundations*, *Theory*, *Practice*, *Critique*, New York City: The Feminist Press at The City University of New York, 2017; Loretta Ross and Rickie Solinger, *Reproductive Justice*: *An Introduction*, Oakland, California: University of California Press, 2017; Loretta Ross, "Understanding Reproductive Justice", SisterSong Women of Color Reproductive Justice Collective, 2006, http: //trustblackwomen. org/our-work/what-is-reproductive-justice/9-what-is-reproductive-justice; Loretta Ross, "What Is Reproductive Justice?", SisterSong Women of Color Reproductive Health Collective; Loretta J. Ross, "Reproductive Justice as Intersectional Feminist Activism", *Souls*, Vol. 19, No. 3, 3 July 2017, pp. 286 – 314, https: //doi. org/10. 1080/10999949. 2017. 1389634.

② Loretta J. Ross, "What Is Reproductive Justice?", p. 4.

③ Loretta J. Ross, "What Is Reproductive Justice?", p. 4.

现模式，立足于解决女性的生育健康需求，关注生育照顾、服务、信息、研究和健康数据的缺失，其目的在于提升和扩展服务、研究和准入，为有色人群提供文化上有竞争力的医疗照顾；生育权——一个法律倡导模式，保护个体女性获得生育健康服务的法律权利，目的在于为所有个体提供法律保护，并且将这些保护变成宪法权利；生育正义——一个运动建立模式，确认生育压迫是如何由多元压迫造成，并和社会正义以及人权的斗争相连。① 总之，生育正义呼吁一个整合的分析、全局的视角和综合策略，以此来反抗那些控制女性身体、性、劳动和生育的结构性和社会性的境况。② 从该定义可以看出，与传统单纯将人口控制、生育权或者生育健康放在核心位置不同，生育正义还与社会运动和行动者倡导息息相关。它将生育问题和交叉性理论联系起来，认为生育正义的实现不仅仅是一个权利或者健康问题。生育正义在非白人群体中广泛应用，还凸显了生育问题和种族问题是不可分割的。③

　　生育正义概念被提出来之后，不少学者开始将这一概念应用到自己的实证研究中。苏米·马德霍克（Sumi Madhok）和玛雅·乌尼谭（Maya Unnithan）在对印度的家庭暴力和生育问题的研究中就指出，如果要使生育权在基层有所作用，就必须在生育正义的框架下来探讨，因为生育权的真正实现不仅仅是法律上的权利的获得，还需要系统性的性别、社会和经济的平等。④ 在印度，虽然法律已经赋予人们生育权，但是律法本身却无法改变那些影响女性生育自由的结构性不平等。生育正义，在她们看来，包含了生育健康和生育权，但是生育健康和生育权都只是部分改变父权制性别关系和不平等，生育正义最终是要实现性别、社会和经济的平等。⑤

① Loretta J. Ross, "Understanding Reproductive Justice", SisterSong Women of Color Reproductive Justice Collective, 2006, http://trustblackwomen.org/our-work/what-is-reproductive-justice/9-what-is-repro-ductive-justice, pp. 2–7.
② Loretta Ross, "Understanding Reproductive Justice", p. 7.
③ Zakiya Luna, "From Rights to Justice: Women of Color Changing the Face of US Reproductive Rights Organizing", *Societies without Borders*, Vol. 4, No. 3, 2009, pp. 343–365, https://doi.org/10.1163/187188609X12492771031618; Zakiya Luna and Kristin Luker, "Reproductive Justice", *Annual Review of Law and Social Science*, Vol. 9, No. 1, 2013, pp. 327–352.
④ Sumi Madhok, Maya Unnithan, and Carolyn Heitmeyer, "On Reproductive Justice: 'Domestic Violence', Rights and the Law in India", *Culture, Health & Sexuality*, Vol. 16, No. 10, 2014, pp. 1231–1244.
⑤ Sumi Madhok, Maya Unnithan, and Carolyn Heitmeyer, "On Reproductive Justice: 'Domestic Violence', Rights and the Law in India", *Culture, Health & Sexuality*, Vol. 16, No. 10, 2014, pp. 1233–1236.

也就是说，生育正义不仅仅聚焦个人的"选择"，还包括更多社会结构问题，比如平等、正义、系统性压迫等。她们指出，实现生育正义包括四个基本路径：性别—公平的法律宪政主义，性、健康和生育权利，扩张性的公民权利，以及一个为跨国义务所设计的政策框架。① 当然除了国家所支持的生育权和健康项目之外，实现生育正义还需要联合国家和国际成员规范那些投资生育科技、代孕药品和相关公司的法人，需要跨国公司和国际公民社会成员的共同努力。②

　　除了上述学者之外，阿利森·百丽（Alison Bailey）也试图将生育正义的理论框架应用到其对于印度生育问题，尤其是代孕问题的分析之中。她指出，西方女权主义者对于代孕的回应通常陷入两种泥淖：一种单纯关注西方情境下代孕工作的道德；一种是女权主义的生育医学民族志，关注生育科技的生命体验以及这些生育科技在特定的文化情境下是如何被具象化和协商。百丽认为这两种路径都不令人满意，前者容易产生话语种族主义，而后者则容易导致道德缺席并进一步忽略给代孕工人生命造成的结构性伤害和非正义问题。虽然姐妹歌组织并没有拿生育正义理论来分析美国的代孕问题，但是百丽认为它是分析印度代孕的最佳理论框架，生育正义理论既关注本土代孕工作的生命体验，又重视道德伦理的分析和对道德压迫的批判。具体说来，生育健康能够让代孕工人的健康问题得到重视，生育权意味着需要审视印度代孕的相关法律，生育正义的运动模式要求关注相关的基层倡导组织，而最终代孕问题实际上是一个社会公平的问题，生育正义理论能够很好地将民族志书写和规范性的评价结合起来，避免当前其他理论分析代孕问题所产生的缺陷。③

　　还有学者将生育正义理论应用到对于美国本土印第安人的健康照顾政治中。芭芭拉·安·戈尔（Barbara Anne Gurr）就用该理论框架探讨了美国印第安健康服务体系（Indian Health Service）的机构组成，以及这一组织对于本土居民尤其是拉科塔族人民及其社区的影响。她看中的是生育正

① Sumi Madhok, Maya Unnithan, and Carolyn Heitmeyer, "On Reproductive Justice: 'Domestic Violence', Rights and the Law in India", *Culture, Health & Sexuality*, Vol. 16, No. 10, 2014, p. 1241.

② Sumi Madhok, Maya Unnithan, and Carolyn Heitmeyer, "On Reproductive Justice: 'Domestic Violence', Rights and the Law in India", *Culture, Health & Sexuality*, Vol. 16, No. 10, 2014, p. 1241.

③ Alison Bailey, "Reconceiving Surrogacy: Toward a Reproductive Justice Account of Indian Surrogacy", *Hypatia*, Vol. 26, No. 4, 2011, pp. 715–741.

义理论中对于压迫的结构性分析以及交叉理论的应用,因此在其著作中一方面将拉科塔女性的生育健康体验纳入更宏观的政治、经济和社会驱动力中进行分析,另一方面又意识到社会结构中种族、阶级、性别、性取向和公民权等多重因素的交织。① 在这本书中,她指出在美国影响女性生育政治的结构性元素:种族主义的父权制国家、生命权利以及殖民主义、生育压迫等,又具体分析了种族、阶级、性别、性取向和公民权等多重因素是如何影响拉科塔女性的生育体验的。

由此看来,生育正义理论得到应用有以下理论优势:首先,不将不平等仅仅归因于法律,而是对经济、社会和性别结构不平等进行系统性分析,并归纳出实现生育正义所需要的条件;其次,生育正义能够很好地将民族志描述和规范性理论分析结合起来,从而既避免了话语种族主义又避免了道德虚无主义的风险;再次,生育正义中的交叉性理论有助于对宏观经济、社会和性别结构进行更加复杂、细致而全面的分析,从而更好地理解阻碍公民实现生育正义的因素。最后,生育正义认为生育不仅仅是个人的权利和健康问题,更需要基层组织的倡导和行动。

第四节　生育僭越

从国际生育权视角来看,未婚母亲为了自身的生育权而努力奋斗,实现了我的身体我做主,也是实现生育正义的题中之义。但是从国内境况来看,这些女性的生育具有僭越性质,属于计划外生育者。因此,在本小节,笔者进一步介绍生育僭越概念,并指出生育僭越对于实现生育权和生育正义的重要性。

虽然中国未婚先孕的案例不少,但是绝大多数未婚先孕者要么选择结婚,要么选择流产,在没有或者不能结婚的前提下生下孩子的少之又少。有学者对 1957—2002 年出生的 249922 名女性的调查数据研究发现,21.5% 的女性发生过至少一次的未婚怀孕,而这些发生过未婚怀孕的人

---

① Barbara Anne Gurr, *Reproductive Justice: The Politics of Health Care for Native American Women*, New Brunswick, New Jersey: Rutgers University Press, 2015.

中，91.9%的人在调查的时候都走入了婚姻，只有8.1%的女性在调查时尚未走入婚姻。① 由此可见，未婚生育的僭越行为在中国并不普遍。未婚生育僭越行为实际由很复杂的因素造成，它具有破坏和重建的双重功能。

一 僭越：破坏与重建

僭越一般指个体私下对于某种道德、法律、传统或者政策的超越。福柯首先在《性史》一书中用僭越来表述那些超越传统性禁忌的行为。在福柯看来，某个社会存在着一定的道德规范，而人们往往根据这些道德规范作出一些不同的行为选择，在这不同的行为中有的和道德规范完全重合，有的却可能会出现其他变体，性少数群体便是对性行为常规模式的僭越。② 此后，"僭越"一词经常出现在性别研究中，很多学者用"性僭越"来形容性少数群体的性行为。③

从更广阔的意义上来说，僭越当然并不仅仅指对性禁忌的越界，还泛指对"界限"（limit）和"边界"（boundary）的突破。克里斯·詹克斯（Chris Jenks）在其著作《僭越》中指出，僭越是超越某个戒律、法律和习俗的边界，是违反和侵犯，但是僭越并不否认边界和界限；相反，它超越并完善这些边界和界限，通过违反规则来阻止停滞，通过确认规则来保证稳定。④ 也就是说，僭越并不仅仅破坏和超越旧规范，还完善和重建新规范。

"僭越"概念中的破坏和重建含义得到了许多学者的认同。克里斯蒂娜·福斯特（Christina Foust）在其著作《僭越作为一种反抗的模式：在公司国际化的时代对社会运动的再思考》中也指出，"僭越一般指那些跨越了边界或者违反了界限的离散行动"，而在逃离边界的过程中僭

① 李文珍：《1957年以来出生女性群体的婚孕新趋势——以未婚怀孕为中心的分析》，《人口学刊》2020年第6期，第8页。

② Michel Foucault, *The History of Sexuality*, New York: Vintage Books, 1988, p. 26.

③ Clara Fischer, "Gender, Nation, and the Politics of Shame: Magdalen Laundries and the Institutionalization of Feminine Transgression in Modern Ireland", *Signs: Journal of Women in Culture and Society*, Vol. 41, No. 4, 2016, pp. 821–43; Judith Butler, *Gender Trouble: Feminism and the Subversion of Identity*, New York: Routledge, 1999; Judith Butler, *Bodies That Matter: On the Discursive Limits of "Sex"*, New York: Routledge, 1993.

④ Chris Jenks, *Transgression* (Key Ideas), London: Routledge, 2003, pp. 5–8.

越性行为实际上进一步推动了边界，重塑了新的区分边界。① 同样，约翰·杰维斯（John Jervis）也指出，和对立或者逆转不同，僭越还包含着混杂（hybridization），这是对类别的混合以及对分开类别的边界的质疑，它本身不是颠覆，也不是刻意去挑战现存状态，尽管它质疑律法——不仅仅质疑权力依存而生的律法，还质疑权力禁止的律法。② 马德霍克（Madhok）和莱（Rai）还将僭越概念用在对印度政治的研究中，并提出了僭越性政治概念，她们指出，僭越性政治强调议题设定，具有深思熟虑性质，突出过程导向方法，而不仅仅聚焦于社会改变。③ 与其他注重结果、致力于社会改变的抗议性政治不同，僭越性政治更注重议题的设定、社会观念的改变，以及实现这一改变的过程。

僭越在某种程度上和斯科特提出的"日常抗争"（everyday resistance）有相同之处。④ 在关于马来西亚农民的研究中，斯科特发现当地并没有出现大规模的集体反抗、斗争或者革命，但是他并不认为农民就不存在抗争，而是时时刻刻进行着日常抗争——他称之为弱者的武器，这些抗争形式往往是被动的隐蔽的，它可能包括偷懒、装糊涂、开小差、假装顺从、偷盗、装傻卖呆、诽谤、纵火、暗中破坏等种种形式。⑤ 这些日常抗争通常是个体的，避免直接和权威抗争，规避抗争利益集团的风险。和日常抗争一样，僭越往往也是个体的、私密的，但是日常抗争可能是没有议题设定的，不针对具体政策、道德或者律法的，是多方面日常的；而僭越却与此相反，它往往针对某个具体的道德、法律。研究僭越能避免日常抗争可能带来的浪漫化和普遍化抗争的倾向，同时还能为反思和塑造社会道德、观念和价值提供新的路径。

---

① Christina R. Foust, *Transgression as a Mode of Resistance: Rethinking Social Movement in an Era of Corporate Globalization*, Lanham, Md: Lexington Books, 2010.

② John Jervis, *Transgressing the Modern: Explorations in the Western Experience of Otherness*, Oxford, U. K.; Malden, Mass: Blackwell Publishers, 1999, p. 4.

③ Sumi Madhok and Shirin M. Rai, "Agency, Injury, and Transgressive Politics in Neoliberal Times", *Signs*, Vol. 37, No. 3, 2012, p. 645.

④ James C. Scott, *Weapons of the Weak: Everyday Forms of Peasant Resistance*, Nachdr, New Haven: Yale Univ. Press, 2000; James C. Scott, *Domination and the Arts of Resistance: Hidden Transcripts*, New Haven: Yale University Press, 1990.

⑤ James C. Scott, *Weapons of the Weak: Everyday Forms of Peasant Resistance*, Nachdr, New Haven: Yale Univ. Press, 2000, p. 29.

僭越理论和社会学中的越轨（deviance）理论也有着千丝万缕的联系。著名的越轨理论社会学家道格拉斯把越轨规定为"某一社会群体的成员判定是违反其准则或价值观念的任何思想、感受或行动"①。西方已有的越轨理论大致分为以下十大理论：天生犯罪论、以迪尔凯姆和默顿为主要代表的社会失范论、亚文化群体论、模仿论、标签理论、社会冲突论、随异交往论、精神分析论、挫折—侵犯论、操作强化论。② 也有学者将西方的越轨社会学发展分为三大阶段：以迪尔凯姆《自杀论》为标志的开创阶段；正统越轨社会学阶段，其包括以默顿为代表的结构功能派、芝加哥社会解组派和亚文化群派；新越轨社会学阶段，其特点是不再把越轨作为违规行为来研究而将其作为社会定义和标签来研究，这一阶段主要包括标签学派、日常生活方法学派和冲突学派等三个学派的兴起。③但是越轨更多的是破坏或者是违反，并且在当代和犯罪学等理论联系起来，而僭越并不仅仅包括违犯，更重要的是通过违犯实现新的价值观念和社会道德的重构；另外，僭越还可以作为弱者反抗的武器，因此是弱者实现正义的一种方式，而越轨却往往和负面的道德价值观联系在一起从而造成负面的社会影响，比如青少年犯罪④、政治腐败、食品安全⑤等社会问题。

二　生育僭越：行为与言说

笔者用"僭越"（Transgression）一词来表述中国女性超越常规的生育选择，以此来区别于一般的抗争。一般来说，抗争是有意识的，而僭越的发生可能是无意识的；抗争的对象往往是企业、政府或者机构，而僭越则并不针对具体的机构，它可能是无意识地对具体政策的违抗，也可能超越社会规范和伦理；抗争的目的主要在于个人和群体权益的满足，而僭越最后往往能带来新价值和道德观念的重建。在中国，计划生育政策虽然历经

① ［美］杰克·D. 道格拉斯、弗兰西斯·C. 瓦克斯勒：《越轨社会学概论》，张宁、朱欣民译，河北人民出版社 1987 年版，第 12 页。
② 乐国安：《越轨行为诱因辨析》，《社会学研究》1994 年第 5 期，第 104—107 页。
③ 欧阳马田：《西方越轨社会学研究的历史、现状与趋势》，《厦门大学学报》（哲学社会科学版）2002 年第 4 期，第 77—79 页。
④ 刘能：《越轨社会学视角下的青少年犯罪》，《青年研究》2003 年第 11 期。
⑤ 蒋晓青：《失范"和"越轨"理论视角下社会转型期的食品安全问题》，《经济研究导刊》2012 年第 33 期。

多次改变，依然在生育数量、婚姻作为生育的前提下有着明确的规定，二者构成了中国生育重要的边界和界限，未婚生育行为则是对生育政策、性道德、家庭伦理等的明显僭越。

美国学者泰勒·怀特（Tyrene White）曾对中国计划生育中出现的僭越行为进行研究，不过其关注点主要集中在个体家庭为了超生或者实现自己理想的家庭子女性别和数目而实行的一些策略①，但就生育僭越的具体行为来说，并不仅仅包括超生，还包括重婚生育、非婚生育等其他行为。另外她对于僭越的阐释集中在身体/物理（physical）僭越上，而事实上僭越不仅仅包括身体僭越，还包括语言、情感、想法等其他维度的僭越。正如詹克斯在《僭越》书中指出的，僭越所超越的界限可能是"物理的、种族的、美学的、性的、国家的、法律的、道德的"等②。本书一方面关注僭越的原因，即什么因素会导致女性作出未婚生育的选择；另一方面关注僭越的行为、语言甚至情感、信仰等。

传统的社会学和人类学研究中，一般将能动性与人的选择和行为联系起来。③ Mahmood，在她关于埃及虔诚政治的研究中，将能动性定义为一种反抗或者重塑规范的行为。她指出，"能动性的力量不仅仅包含在那些抵抗规范的行为中，也包含在那些传承规范的行为中"④。不过这种偏向行动的能动性定义也遭到了某些研究者的质疑⑤，这些研究者指出在受压迫

① Tyrene White, "Domination, Resistance and Accommodation in China's One-Child Campaign", in *Chinese Society*: *Change*, *Conflict and Resistance*, eds. Elizabeth J. Perry and Mark Selden, 3rd ed., (Asia's Transformations), London; New York: Routledge, 2010, pp. 184 – 185.

② Chris Jenks, *Transgression* (Key Ideas), London: Routledge, 2003, p. 8.

③ Paul Benson, "Free Agency and Self-Worth", ed. John Smylie, *Journal of Philosophy*, Vol. 91, No. 12, 1994, pp. 650 – 668; Paul Benson, "Feminist Intuitions and the Normative Substance of Autonomy", in *Personal Autonomy*: *New Essays on Personal Autonomy and Its Role in Contemporary Moral Philosophy*, ed. James Stacey Taylor, Cambridge: Cambridge University Press, 2008; Michael E. Bratman, "Planning Agency, Autonomous Agency", in *Personal Autonomy*: *New Essays on Personal Autonomy and Its Role in Contemporary Moral Philosophy*, ed. James Stacey Taylor, Cambridge: Cambridge University Press, 2008; Saba Mahmood, *Politics of Piety*: *The Islamic Revival and the Feminist Subject*, Princeton, N. J.: Princeton University Press, 2005.

④ Saba Mahmood, *Politics of Piety*: *The Islamic Revival and the Feminist Subject*, Princeton, N. J.: Princeton University Press, 2005, p. 15.

⑤ Sumi Madhok, *Rethinking Agency*: *Developmentalism*, *Gender and Rights*, New Delhi; Abingdon: Routledge, 2013; Judith Butler, *Bodies That Matter*: *On the Discursive Limits of "Sex"*, New York: Routledge, 1993.

环境中甚至当行动会遭到惩罚或者生命危险的时候，挖掘当地人通过语言所表达的抗争也尤为重要。

受到福柯以及语言学家奥斯汀的影响，巴特勒（Judith Butler）在《性别麻烦》①和《关于身体：论"性别"的话语界限》②中将身体物质性与性别的表演联系起来，并试图挑战规范性的异性恋范式。在这两本书中巴特勒不仅强调了身体行为在性别表演中的重要性，还提出了"语言行动"（speech acts）作为性别表演的重要性——也就是说性别表演的能动性也可以通过语言表述出来。在《令人兴奋的演讲：述行政治学》一书中，巴特勒进一步探讨了审查、语言和能动性之间的内在联系，并指出语言本身就是能动性表现的一种方式，尽管这种方式受到审查的制约③。正如巴特勒所写："语言在很大程度上被认为是能动性——一个能产生后果的行为，一个延伸的行为，一个有着一定结果的表演。"④巴特勒的著作打破了异性恋的二元性别范式，对于酷儿理论的兴起和发展起到了重要的推动作用，而她对于"语言行动"的强调在性别政治中也具有启发性的意义。

对于语言行动以及语言能动性的强调不仅见于巴特勒的著作，也见于其他社会学家和女权主义者的著作中。比如马德霍克（Madhok）就指出了在强迫的处境里最好是聚焦语言叙述而非身体行动，因为在强制环境中个体往往不敢用行动反抗，其能动性一般在其语言中体现。⑤在马德霍克关于印度社会发展工作者（Sathins）的研究中，她写道，对于压迫环境中的能动性表述不应该局限于对压迫环境本身的描述，更重要的是探索"压迫处境如何能够使对于能动性的概念表述发生变化"⑥。弗里德曼在其关于自由理论的研究中也指出，"对于自由来说更重要的是人们的视角认同——人

---

① Judith Butler, *Gender Trouble: Feminism and the Subversion of Identity*, New York: Routledge, 1999.

② Judith Butler, *Bodies That Matter: On the Discursive Limits of "Sex"*, New York: Routledge, 1993.

③ Judith Butler, *Excitable Speech: A Politics of the Performative*, New York: Routledge, 1997.

④ Judith Butler, *Excitable Speech: A Politics of the Performative*, New York: Routledge, 1997, p. 8.

⑤ Sumi Madhok, *Rethinking Agency: Developmentalism, Gender and Rights*, New Delhi; Abingdon: Routledge, 2013.

⑥ Sumi Madhok, "Action, Agency, Coercion: Reformatting Agency for Oppressive Contexts", in *Gender, Agency and Coercion*, eds. Sumi Madhok, Ann Phillips, and Kalpana Wilson, Palgrave Macmillan, 2013, pp. 102–121.

们的需求、欲望、关心、关照、价值观和责任"①。弗里德曼将这一对于自由的分析应用到亲密关系比如爱、家庭暴力中，并特别指出自由尤其需要反思或者起码注意到那些女性本身的需求和欲望。② 与此相应，Hirshmann提出了研究自由的女权主义方法并表示这一方法要求"详细地理解产生父权制度的多重因素，而这多重因素又如何影响了对于女性和她们选择的社会建构"③。Hirshmann指出，这一自由的概念需要对于外部结构的考察，也需要考察由外在结构塑造的人们内在欲望、偏爱、决定等。④ 总的说来，相比于行为本身，聚焦语言能更好地理解个体选择（或者不选择）背后持有的道德、情感、欲望等，进而能够分析这些个体的道德、情感和欲望是在挑战还是维系传统的社会结构和道德规范。

语言本身由一定的社会结构建构起来，并受到社会结构的制约，但语言的能动性体现在对社会规范性道德伦理的僭越以及对不合理的政策和法律的批判。受到上述理论家的启发，在关注个体的行为和选择之外，笔者还关注未婚妈妈的叙述，探讨她们如何通过自己故事的讲述来挑战传统的社会道德、习俗和价值观念。未婚妈妈的选择和行为本身就已经超越了传统的社会和家庭道德规范，但是通过进一步挖掘选择背后的个体情感和思想，能更好地了解未婚妈妈生育选择的丰富性和复杂性，由此探索解构未婚生育羞辱感的可能性，并最终挑战与之相关的中国社会所存在的男权性质的社会规范性伦理和道德。

三　僭越与可行能力（Capability）

僭越的实现当然还和个体所具有的可行能力息息相关。阿马蒂亚·森作为当代最重要的经济学家之一，在消除贫困、发展民主、提升公民生活质量和可行能力等问题上提出了十分有建树的思想。在《论伦理与经济

① Marilyn Friedman, *Autonomy*, *Gender*, *Politics* (Studies in Feminist Philosophy), Oxford; New York: Oxford University Press, 2003, p. 11.

② Marilyn Friedman, *Autonomy*, *Gender*, *Politics* (Studies in Feminist Philosophy), Oxford; New York: Oxford University Press, 2003, p. 5.

③ Nancy J. Hirschmann, *The Subject of Liberty*: *Toward a Feminist Theory of Freedom*, Princeton, NJ: Princeton University Press, 2003.

④ Nancy J. Hirschmann, *The Subject of Liberty*: *Toward a Feminist Theory of Freedom*, Princeton, NJ: Princeton University Press, 2003, p. 199.

学》一书中，阿马蒂亚·森明确指出，"经济学如果关注能影响人类行为和判断的伦理问题，那么它就会变得更加富有成效"①。其后期关于人类行为能力的著作批判了传统的正统经济学仅仅将人的利益和自我满足作为衡量经济发展的标准，指出这种衡量方法是工具性的。②他认为工具性的经济衡量方法要么过于关注个人的快乐和享受，要么仅仅衡量一个人所拥有的财富和资源优势，而忽略了人类对于自由的渴求，由此他提出了"可行能力途径"③。

　　可行能力的衡量方法，在森看来，将个体去做任何其认为有价值的事情的实际能力放在中心位置，它不仅仅关涉快乐和资源的获取，还和自由机会息息相关，它有两个特点：1. 通过信息焦点去判断和比较个体综合的优势，而不仅仅关注任何特殊的个体信息；2. 它无可避免地和我们生活以及忧虑的不同特征的多元性相关。④可行能力方法不仅仅关注人最终做了什么，还关注人实际上能做什么以及他/她是否选择去利用那个机会。⑤

　　玛塔·纳斯鲍姆（Martha Nussbaum）受到阿马蒂亚·森可行能力理论的影响，在其文章《人类可行能力，女性的类存在》中具体提出了人类存在的核心可行能力：她从对人类生命的形式状态探讨着手，看到其包括人的死亡，人类身体存在的需求包括对于食物、饮料、住宿、性，以及流动性的追求、享乐和痛苦的能力，认知能力包括感知、想象和思考等，早期婴儿的发展，实践理性，和其他人类建立联系，和其他物种以及自然建立联系，幽默和游戏，离群索居，强烈的隔离能力等；由此她指出基本人类功能实现的可行能力，包括能够正常结束人类生命，能够拥有健康、营养、住宿、性满足、生育选择、流动选择，能够避免不必要和无益的痛苦而拥有享乐体验，能够运用自己的感知去想象、思考和运用理性，能够与自身之外的人和物建立依恋关系，能够形成善的理念同时对于自身生活计划展开批判性反思，能够为其他人而存在，认识到同时对其他人类展现关

① Amartya Sen, *On Ethics and Economics*, The Royer Lectures, Oxford：Blackwell, 2003, p. 9.
② Amartya Sen, *Commodities and Capabilities*, New Delhi：Oxford Univ. Press, 2008, p. 1.
③ Amartya Sen, *The Idea of Justice*, Cambridge, Mass：Belknap Press of Harvard University Press, 2011, p. 231.
④ Amartya Sen, *The Idea of Justice*, Cambridge, Mass：Belknap Press of Harvard University Press, 2011, pp. 231 - 232.
⑤ Amartya Sen, *The Idea of Justice*, Cambridge, Mass：Belknap Press of Harvard University Press, 2011, p. 235.

心，能够生而关心动物、植物和自然世界，能够自己生活而不仅仅为他人存在。[①] 纳斯鲍姆将森的可行能力进一步具体化，不过她也意识到这一清单并不完备。她明确指出公共政策的核心目标应该是让公民具有执行不同重要生命功能的可行能力，那种仅仅运用国民生产总值（GNP）或者国内生产总值（GDP）的衡量方法并没有考量资源的分配，因此可能给具有巨大贫富分化的国家高的评分，同时并没有将许多重要的因素，比如婴儿死亡率、受教育机会、种族和性别关系质量、政治自由等纳入衡量标准中来。相比于可行能力方法，单纯宏观的经济指标 GNP 或者 GDP 的考量方法显然更加失色，而且也容易造成资源分配的不均衡，无法使公民均等地运用其能力。

除了将可行能力具体化，纳斯鲍姆发展阿马蒂亚·森理论还体现在其对于性别问题的关注，她尤其看到了传统和习俗对于性别平等的阻碍，指出一方面传统在诸多方面加深了对于女性的不平等，触及了人类生命质量的一些核心要素——健康、教育、政治自由和参与、就业、自尊和生命本身等，另一方面她又担心过快地从非本地人的视角对于传统进行判断和批判很容易被认为是殖民主义或者帝国主义的做法，会在当代世界受到很多敏感学者的质疑。[②]因此她除了探讨一个国家的政策制定者应该如何衡量"生命质量"之外，还探讨男性和女性的生命质量是否应该用同样的标准来衡量的问题。

与人权相比，可行能力涵盖了更为广泛的意义，它主要指"能达成人类功能——即一个人能做或者成为什么的价值性组合的机会"[③]，具体说来，它关注实现自由和人权的"机会"，这包括"一个人是否能做他认为有价值的事情"以及"他是否拥有手段、工具，允诺去追求他想做的"[④]。

在中国，政策、社会道德阻碍了未婚女性成为母亲的愿望，而现实生

---

① Martha C. Nussbaum, "Human Capabilities, Female Human Beings", in *Women, Culture, and Development: A Study of Human Capabilities*, eds. Martha Nussbaum and Jonathan Glover, Oxford: New York: Clarendon Press; Oxford University Press, 1995, pp. 76 – 85.

② Martha Nussbaum and Jonathan Glover, eds., *Women, Culture, and Development: A Study of Human Capabilities*, Oxford: New York: Clarendon Press; Oxford University Press, 1995, p. 1.

③ Amartya Sen, "Human Rights and Capabilities", *Journal of Human Development*, Vol. 6, No. 2, 2005, p. 153.

④ Amartya Sen, "Human Rights and Capabilities", *Journal of Human Development*, Vol. 6, No. 2, 2005, p. 153.

活中的经济、工作等困难则使未婚母亲难以享受作为母亲的快乐，选择成为未婚母亲的可行能力受到了客观条件的制约。如何赋予单身母亲更多的可行能力，如何给予她们更广阔的言论空间表达她们的欲望、想法、困难，使其成为一个可言说可行为的主体则成为关键。

第二章　道德威胁抑或改变者：
未婚妈妈的两种形象

关于未婚妈妈的研究目前主要分为两种不同的描述：一些学者对未婚妈妈进行消极的形象描述，认为其是贫困的、道德沦丧的、对国家财政造成威胁的、对孩子的成长不利的；与之相反，还有一些学者则对未婚妈妈进行了赞赏，认为其选择本身是女性争取生育权的体现、挑战了传统的父权制家庭、展现了其智慧和勇气等优良品质。当然，也有少部分中间派学者指出任何未婚生育选择和单亲家庭生活都很难从单一的角度对其进行评判，需要去了解每个家庭和个体的复杂性和多元性。

本章笔者将梳理当前国外文献中对未婚妈妈的研究，指出研究中出现的两极化状况。笔者认为消极的和积极的呈现都有其重要意义，但是研究更为重要的并不是消极或者积极的形象展现，而是透过未婚妈妈的个体故事，探索如何能够使单身女性自由地作出生育选择，使单身母亲和非婚生孩子过上更加得体和有质量的生活，这包括经济的、情感的、家庭的、文化的、政治的、心理的、信仰的等多方面的支持。同时，笔者还将梳理中国关于未婚妈妈的研究，指出其不仅在家庭、性别和人口研究中缺失，既有的有限研究也没有完整展现未婚妈妈的现实状况，由此凸显本书的重要意义。

第一节　国外研究现状综述

国外学者对于未婚妈妈的研究基本分成两个阵营：一方对未婚妈妈进行负面的描述，指出其生活贫困、道德沦丧、威胁社会以及对孩子成长不利等。另一方则认为未婚妈妈是英雄、是社会的改变者，她们的选择对于改变社会观念、推动生育权和人权的发展有着积极的作用。

一 消极的形象展现：贫困、道德沦丧与社会的威胁

从世界各国的总体状况来看，未婚或者单身母亲遇到的最大困难往往在经济方面，很多国家针对单身母亲都有特别的救济和福利政策，有学者因此将单身母亲称之为"福利母亲"（Welfare Mothers）[1]。单身母亲更加容易陷入贫困，一方面是因为某些单身母亲很难从其孩子的父亲那里得到经济支持，从而不得不独自承担照顾孩子的责任；另一方面单身母亲发现孩子出生后，如果没有其他家庭成员或者制度性支持，很难平衡工作和育儿，不少母亲不得不放弃工作。在某些国家和地区，未婚妈妈的贫困还和当地阶级、种族等问题息息相关，有学者因此将贫困和阶级、种族等问题结合起来讨论。

伊登（Edin）和莱因（Lein）在其著作《入不敷出：单亲母亲如何在福利和低薪资工作中幸存》中详细探讨了美国单身母亲的贫困。她们发现，几乎所有的贫困单身母亲在她们正常的工资之外还有其他的收入，比如来自工作的灰色收入，来自亲戚、情人以及孩子父亲的收入等，只有这样才能维持她们正常的生活。但是她们也发现，在 1988 年到 1992 年间，有低薪资工作的母亲比依靠社会福利而生存的母亲有更多的困难。[2] 1996年 8 月，克林顿总统签署法令废除了过去的对有子女家庭补助计划（Aid to Families with Dependent Children，AFDC），将其用贫困家庭临时救助项目（Temporary Assistance for Needy Families，TANF）取代，TANF 要求健康的福利接受者在两年后要工作，也就是通过提升就业率来使依靠国家福利生活的人摆脱贫困。伊登和莱茵不太赞同这一取代的法令，因为她们认为虽然 TANF 使更多的单身母亲从事工作，但是她们往往需要挣得比她们从国家福利中领取得多才能维持生活，比如她们可能需要支付照料孩子的费用，需要支付工作所需的交通费用，由于她们有了工作，她们所能得到的

---

[1] Ellen Reese, *Backlash against Welfare Mothers*: *Past and Present*, Berkeley: University of California Press, 2005.

[2] Kathryn Edin and Laura Lein, *Making Ends Meet—How Single Mothers Survive Welfare and Low-Wage Work*, New York: Russell Sage Foundation, 1997.

粮票、住房补贴、医疗补助计划福利等都会随之降低。①

Klett-Davies 的著作《走向独身？后现代中的单身母职》一书，通过与 70 位在德国柏林和英国伦敦依靠国家福利而生活的单身母亲（Lone mothers）的访谈，探讨了母亲如何在生活中创造意义，而社会政策又如何影响她们的生活。在该书中，她看到了国家福利对于女性的双重意义：一方面，国家福利被看成国家父权，福利国家被认为是压迫女性的工具；另一方面，福利国家可能提升女性的生活，具有赋权的意义。该书指出了单身母亲生活的复杂性，即使她们没有工作，都接受国家福利，她们也不是同样的贫穷或者经济上匮乏。尽管她们都独自带孩子，但是她们的孤独感是不同的，有些有很多朋友和亲戚的支持，有些可能外在的支持并不多。该书强调了单身母亲的不同性和多元性，也试图了解在当代德国和英国她们可能面临同样的困难。②

敦坎（Duncan）和爱德华（Edwards）发现英国的单亲家庭比例相比其他西方国家要高很多，但是英国单身母亲拥有带薪工作的比例相比德国、瑞典和美国等又低很多。为了解释这一现象，他们写了一本关于英国单身母亲和其带薪工作的著作——《单身母亲、带薪工作、性别化的道德理性》，主要探讨英国的单身母亲如何在社区、本土劳动力市场和福利国家的社会框架下协调母性和带薪工作的关系。③ 敦坎和爱德华经调查研究发现阻碍英国单身母亲拥有带薪工作的原因有：1. 英国缺少平价的日托中心，使得单身母亲工作机会大大减少，很多有工作的女性不得不依靠来自家庭和朋友的非正式关系来帮助自己抚育孩子。2. 性别化的抚育观点，即认为母亲需要将抚育孩子的责任放在从事带薪工作之上。3. 适合单身母亲工作的机会少，而很多可供单身母亲选择的工作机会并不能给她们提供足够的家庭收入。4. 福利国家的社会政策本身建构了单身母亲工作的政策语境，但是有些政策对性别并不十分友好，对单身母亲工作造成了一定的

① Kathryn Edin and Laura Lein, *Making Ends Meet—How Single Mothers Survive Welfare and Low-Wage Work*, New York: Russell Sage Foundation, 1997, p. xviii.

② Martina Klett-Davies, *Going It Alone? Lone Motherhood in Late Modernity*, Aldershot, England; Burlington, VT: Ashgate, 2007.

③ Simon Duncan and Rosalind Edwards, *Lone Mothers, Paid Work, and Gendered Moral Rationalities*, Houndmills, Basingstoke, Hampshire; New York: Macmillan Press; St. Martin's Press, 1999.

限制。①

有些学者则对单身母亲的贫困状态做了展现和分析。佩姬（Ypeij）通过采访七十多户阿姆斯特丹的贫困单身母亲，在她的著作《单身母亲和贫困：以荷兰为例》中展现了她们如何抚养孩子，如何处理和孩子父亲、社区以及政府之间的关系。② 佩姬发现在荷兰少数族裔的女性成为单身母亲的比例更高。例如，2005 年荷兰三分之一的 40 岁以上的苏里南族裔女性是单身母亲，40% 以上的安替列群岛族裔女性是单身母亲，而本土的白人女性中单身母亲比例则只有 8%。③ 她还梳理了当前学界研究单身母亲与贫困的诸多视角：文化贫困、阶级、以母亲为中心的家族传统、贫困的女性化、福利国家等。她认为，对于单身母亲来说，贫困并不仅仅指物质匮乏的处境，比如她们可能会遇到交房租、满足自己和孩子的基本生活保障的困难，还包括其他问题，比如处理和孩子父亲的关系、如何面对其他人的眼光、如何以得体的方式抚养孩子、拥有国家福利和支持的感受等。④ 因此，她认为，单身母亲的贫困在荷兰具有种族化特性，而贫困既体现在经济上，也体现在边缘化、受歧视的日常生活上。

有些学者则将单身母亲看作对财政的威胁，认为单亲家庭不利于下一代的成长。20 世纪 90 年代美国社会对未婚妈妈的批评不绝如缕，一方面是因为其大部分依靠社会福利生活而对社会造成很大的财政负担；另一方面是因为有研究发现单亲家庭相比于双亲家庭的孩子更容易出现心理、教育、健康等多方面的问题。1995 年美国众议院的两名议员为了减少国家福利财政支出，甚至将福利接收者类比为动物。社会学家查尔斯·穆瑞（Charles Murray）则将未婚生育问题看作"我们时代唯一最重要的问题"，他大力抨击美国社会存在的"私生子文化"。⑤ 还有些学者发现单亲家庭孩

① Simon Duncan and Rosalind Edwards, *Lone Mothers*, *Paid Work*, *and Gendered Moral Rationalities*, Houndmills, Basingstoke, Hampshire; New York: Macmillan Press; St. Martin's Press, 1999.

② Johanna Louisa Ypeij, *Single Motherhood and Poverty*: *The Case of the Netherlands*, Amsterdam: Aksant, 2009.

③ Johanna Louisa Ypeij, *Single Motherhood and Poverty*: *The Case of the Netherlands*, Amsterdam: Aksant, 2009, p. 22.

④ Johanna Louisa Ypeij, *Single Motherhood and Poverty*: *The Case of the Netherlands*, Amsterdam: Aksant, 2009, p. 14.

⑤ Ruth Sidel, *Unsung Heroines*: *Single Mothers and the American Dream*, Berkeley: University of California Press, 2006, p. 1.

子比双亲家庭孩子更容易出现感情和行为困难、退学、青春期妊娠、吸毒、违法、受到身体虐待和性虐待等问题。由于社会对于未婚生育的批判不断增多，美国总统比尔·克林顿于1996年开始了福利体制改革，结束了六十多年美国对于贫困孩子的财政资助，鼓励单亲父/母通过就业来改善家庭贫困的状况。

萨维利（Sawhill）在她的著作 *Generation Unbound：Drifting into Sex and Parenthood without Marriage* 中也指出单亲家庭的孩子不如双亲家庭的孩子成长得健康。她将生育者分为两种：计划者（Planners）和随波逐流者（Drifters）。计划者指那些结婚之后再计划为人父母的人，而随波逐流者指意外生子过早或者婚外生子的人。她指出当前美国需要从有着过高意外怀孕率的文化环境转化成只会在自己准备好当父母时才生孩子的文化环境[1]，因为虽然父母有权利作生育选择，但是孩子是整个选择的中心。一般来说，孩子在计划者家庭比在随波逐流者家庭要抚育得好。[2]

除了批评未婚妈妈容易陷入贫困、给国家财政增加负担以及给孩子的成长造成不利影响之外，还有学者指出未婚妈妈的生育选择本身是道德沦丧的一种表现。在南亚，比如斯里兰卡，由于社会宗教信仰强烈谴责婚前性和婚外性行为，未婚妈妈被认为是蒙羞的群体[3]。在受到儒家文化影响的日本、韩国和中国，未婚妈妈由于其僭越的性和生育观念而在社会上遭受歧视。这些国家关于未婚妈妈的研究很多集中在社会道德如何将未婚生育规范为"坏母性"（bad motherhood），而她们又是如何在道德蒙羞的社会环境下作出这样的选择的[4]。实际上，西方国家的历史上未婚妈妈也曾

---

[1] Isabel V. Sawhill, *Generation Unbound：Drifting into Sex and Parenthood without Marriage*, Washington, D. C：Brookings Institution Press, 2014, p. 3.

[2] Isabel V. Sawhill, *Generation Unbound：Drifting into Sex and Parenthood without Marriage*, Washington, D. C：Brookings Institution Press, 2014, p. 3.

[3] Malin Jordal, Kumudu Wijewardena, and Pia Olsson, "Unmarried Women's Ways of Facing Single Motherhood in Sri Lanka—a Qualitative Interview Study", *BMC Women's Health*, Vol. 13, No. 1, 2013.

[4] Ekaterina Hertog, *Tough Choices：Bearing an Illegitimate Child in Contemporary Japan*, Stanford, Calif：Stanford University Press, 2009；Ekaterina Hertog, "The Worst Abuse against a Child Is the Absence of a Parent：How Japanese Unwed Mothers Evaluate Their Decision to Have a Child Outside Wedlock", *Japan Forum*, Vol. 20, No. 2, 2008, pp. 193–217；Malin Jordal, Wijewardena, and Olsson, "Unmarried Women's Ways of Facing Single Motherhood in Sri Lanka—a Qualitative Interview Study", BMC Women's Health, Vol. 13, No. 1, 2013.

经受到道德谴责和歧视。侯登（Holden）对 1914 年至 1960 年英国的未婚女性做了历史性研究，他指出这一时期英国主要的家庭规范是一夫一妻，绝大多数女性都会步入婚姻，而保持单身状态的女性则总是在社会上获得刻板印象：和父母同住，依赖父母，同时成为家里的"保姆"或者家务劳动的主要从事者。侯登批判性地指出过去的历史书写过多地将婚姻认为理所当然的，并没有分析单身公民所处的性别、家庭和社会权力关系①。

二 积极的形象描述：英雄与改变者

与上述学者相反，有些学者则赞赏未婚母亲对于传统家庭、父权制度、道德伦理等的挑战，认为未婚母亲的生育选择是勇敢独立的选择，它改变了传统婚姻和生育道德，也是对传统父权制的挑战。未婚妈妈被积极地展现为当代生育和家庭生活的英雄与改变者。

林在其著作《成熟的未婚妈妈：道德反抗的叙述》中基于对 50 位 30 岁以上的以色列单身母亲的访谈，展现了单身母亲是如何进行道德反抗的，正如战场上战士如何进行道德批判那样。她认为，成熟的未婚母亲是道德能动者（moral agents），她们真实地行动着，为挑战家庭领域的非正义和粗心大意而承担责任。②林赞扬作为道德反抗者的未婚母亲，并从多个角度阐述了母职对她们的意义：母职作为一个新的战争领域，母职作为一个道德站位，母职作为一个希望，母职作为一个决定，母职作为一段经验，以及母职作为发展。

有不少学者和林一样认为仅仅展现未婚妈妈贫困和"堕落"是片面的，不仅如此，很多未婚妈妈并没有对社会财政造成威胁——对于没有享受过特殊福利政策的未婚母亲尤其如此；相反，单身母亲通过努力工作来维持家庭的开支，她们在生育和育儿上显示出比已婚母亲更大的勇气和毅力。露丝·西黛尔（Ruth Sidel）的著作《未歌颂的女英雄：单身母亲和美国梦》发现很多单身妈妈在面对巨大的困难甚至痛苦的环境时展现出了

① Katherine Holden, *The Shadow of Marriage：Singleness in England，1914–1960*, Manchester：Manchester Univ. Press, 2007.

② Ruth Linn, *Mature Unwed Mothers：Narratives of Moral*, Boston, MA：Springer US, 2002.

强大而勇敢的人性、力量和能力。① 西黛尔认为传统地将单身母亲描述为贫困的、可怜的并不能展现单身母亲的整体状况,她提倡用"女英雄"来形容单身母亲,因为这些单身母亲在面对困境时所展现的韧性(resilience)是难以想象的。在该书的第二章中,西黛尔通过讲述四位单身妈妈的故事展现了其所体现的美国"真实的家庭价值",包括勇敢、智慧、有韧性、勇于接受挑战、在逆境面前不放弃等。②

此外,还有未婚妈妈通过自己的努力获取奖学金、提升自己的教育程度来增加就业机会,从而避免陷入贫困。Holyfield,作为一名单亲妈妈以及阿尔肯色州单亲奖学金(Arkansas Single Parent Scholarship)的第一任获得者,采访了 53 位获得该奖学金的单身母亲,让她们分享自己贫困的经历、面临的困难,以及对于未来和教育的期待。③ 在该著作中,Holyfield 指出教育对于改善单身母亲贫困状态的重要作用,而很多未婚妈妈实际上也正努力通过提升自己的教育水平来增加就业机会④。当然,为了消除贫困,单身母亲除了提升受教育程度外,还积极参与职业技能培训、增加兼职工作机会等。未婚妈妈的这些积极乐观的生活工作态度,与上一小节学者所认为的她们需要依靠政府救济才能生存形成了鲜明的对比。

未婚妈妈值得赞颂不仅仅在于其日常生活中展现出勇气和智慧,还在于其从意识形态上挑战了传统异性恋家庭模式,让人们开始反思新时代家庭的可能构成以及家庭的核心关系。珍妮佛·乌察塔(Jennifer Utrata)在其著作《没有男性的女性:新俄罗斯的单身母亲和家庭改变》中讲述了当代俄罗斯家庭结构变迁下单身母亲的日常生活。她指出在俄罗斯单身母亲被正常化(normalized)而非问题化(problematized),也就是说"单身母亲不再是异常",相反她"构成了家庭生活中广阔和持续革命的一部分",

---

① Ruth Sidel, *Unsung Heroines: Single Mothers and the American Dream*, Berkeley: University of California Press, 2006.

② Ruth Sidel, *Unsung Heroines: Single Mothers and the American Dream*, Berkeley: University of California Press, 2006, pp. 42 – 58.

③ Lori Holyfield, *Moving Up and Out: Poverty, Education, and the Single Parent Family*, Philadelphia: Temple University Press, 2002.

④ Lori Holyfield, *Moving Up and Out: Poverty, Education, and the Single Parent Family*, Philadelphia: Temple University Press, 2002.

"正迅速成为一个规范"①。乌察塔认为，单身母亲在俄罗斯正常化很大程度上是弱势男性和弱势国家的必然产物。俄罗斯的男性通常在困难面前不负责任且意志软弱，容易受到传统的伏特加酒精和资产阶级享受思想的诱惑。② 另外，俄罗斯是一个母系家庭统治的社会，在这种家庭中母亲与孩子的关系往往比父亲与孩子或者母亲与父亲的关系更为核心。再加上俄罗斯在第二次世界大战中牺牲了接近两千七百多万名战士，使得社会上很多女性都成为单亲母亲。婚姻在俄罗斯不再那么普遍，而未婚生育基本不会受到社会的歧视，实际上，俄罗斯每三个新生儿中有一个就是非婚生育的。③ 正因为俄罗斯存在着双重弱势的男性和国家，在该著作的不同章节里，乌察塔展现了未婚/单身母亲是如何处理伴侣的缺失、不忠和不负责任，她们又是如何拥抱新自由主义的自我依赖的理念。总而言之，珍妮佛·乌察塔在书中极力说明为什么在俄罗斯单身母亲被正常化、常规化，而这对于家庭、社会来说又如何意味着一场深刻的革命。

随着经济的发展、社会观念的改变以及现代人工授精技术的成熟，社会上逐渐涌现一批中产阶级女性"主动选择"成为未婚妈妈，在对男性以及持续的情感关系失望之后她们选择通过人工授精或者收养的方式成为单身/未婚母亲。赫尔兹（Herz）作为收养孩子的未婚母亲，其撰写的著作就集中关注一群单身但是决定成为母亲的中产阶级未婚妈妈，这些女性受到女权主义思想的影响，一方面不愿意放弃自己的事业，另一方面又不想坠入婚姻的窠臼，于是选择了未婚生育这条道路。通过采访64位中产阶级单身母亲，赫尔兹发现这些女性成为母亲的方式极其多元：有偶然怀孕的，有去精子库授精的，有从世界各地收养孩子的。有了孩子之后，这些女性并不试图从政府获得帮助，而是凭借自己的努力照顾孩子。通过展示这些单身母亲生育选择的过程，处理和孩子父亲关系的方式，以及独立抚育孩子的努力，赫尔兹对她们的勇敢、坚强、智慧和独立给予了高度赞赏。从更广阔意义上来说，这些女性的生育选择也表明虽然婚姻是拥有孩

---

① Jennifer Utrata, *Women without Men*：*Single Mothers and Family Change in the New Russia*, Ithaca：Cornell University Press, 2015, p. 3.

② Jennifer Utrata, *Women without Men*：*Single Mothers and Family Change in the New Russia*, Ithaca：Cornell University Press, 2015, p. 4.

③ Jennifer Utrata, *Women without Men*：*Single Mothers and Family Change in the New Russia*, Ithaca：Cornell University Press, 2015, p. 6.

子的必要前提，正如生育和性息息相关，但是随着社会关系和观念的变化以及人工辅助生育方法的诞生，生育孩子不再必须和婚姻或者性捆绑在一起。赫尔兹总结，未婚生育的女性正在通过自己的婚姻和生育选择创造新的美国家庭。

第二节 国内未婚妈妈研究综述

如果说国外学者对于单身母亲的研究主要分为以上所说的两类，那么国内对于未婚妈妈的研究相对来说还比较少。目前中国正处于"第二次人口转变"的过程中，人口的诸多指征已经在一定程度上表现出第二次人口转变的特征，比如初婚推迟、同居增加、离婚率小幅上升、生育水平走低等。① 但是，在第二次人口转变的过程中，和国外婚外生育率不断增长不同，中国并没有出现未婚生育率的大幅增长。根据学者的预估，中国生育过子女但始终未婚的情况不超过 0.5%。② 而在德国和英国，从 1970 年代早期到 21 世纪初期，未婚妈妈的数量几乎翻了三倍，到 2004 年，未婚妈妈的占比在德国达到 20%，在英国达到 25%。③

在中国未婚怀孕有较高的婚姻转化率。李文珍的研究显示，未婚怀孕中近六成"带孕结婚"、近七成婚内生育，与 OECD 国家相比，中国仍处于非婚生育比例最低的少数国家行列。未婚怀孕显示了"性—婚姻"的进一步分离，但是婚内的高生育比例又揭示了在中国"婚姻—生育"之间的关系并没有被打破。④ 张亮对中国未婚同居者的研究同样显示，虽然在同居伴侣中未婚怀孕的现象越来越多地出现——这主要是由于计划内怀孕增多、同居关系增多等因素造成，但是由婚姻来组织生育行为的社会规范并

---

① 於嘉、谢宇:《中国的第二次人口转变》,《人口研究》2019 年第 5 期。

② 於嘉、谢宇:《中国的第二次人口转变》,《人口研究》2019 年第 5 期, 第 13 页。

③ Martina Klett-Davies, *Going It Alone? Lone Motherhood in Late Modernity*, Aldershot, England: Burlington, VT: Ashgate, 2007, p1.

④ 李文珍:《1957 年以来出生女性群体的婚孕新趋势——以未婚怀孕为中心的分析》,《人口学刊》2020 年第 6 期。

未打破，绝大多数未婚怀孕者最终都走入了婚姻。①

正因为大多数未婚怀孕者最后都进入了婚姻，未婚生育群体数量还比较少，也没有达到社会广泛关注的程度。由此，当前国内学术界对于未婚妈妈的系统性学术研究还比较少，多数见诸媒体报道。这些媒体报道和研究大体来说也可以分为正面和负面的，而总体来看负面的报道占多数，这包括了在西方文献中常常见到的抨击未婚妈妈容易陷入贫困、在道德上容易遭受谴责，而且单亲家庭对孩子的成长也更容易产生不利的影响。

相比于西方的未婚妈妈，中国的未婚妈妈不仅没有福利政策可以享受，反而过去在某些地区需要缴纳一定的社会抚养费才能为自己的孩子上户口。此外，中国的未婚妈妈难以像已婚妈妈那样在医院顺利生产，那些缴纳了生育险的未婚妈妈有些也很难享受生育报销和生育津贴。由于种种政策限制以及单身母亲本身更加容易陷入贫困，中国的未婚妈妈陷入经济贫困的可能性更高。② 当前有些报纸文章批判了对未婚妈妈征收社会抚养费的不合理性③，探讨是否有权享有生育保险金④。不仅仅是未婚妈妈，实际上不受政策限制的单亲妈妈也很容易陷入经济贫困，王世军基于南京市对于单亲家庭的调查，认为单亲家庭尤其是以女性为户主的单亲家庭贫困率比较高，其原因一方面是现行婚姻法律中没有充分体现和保护以女性为户主的单亲家庭利益，另一方面是中国没有相关单亲母亲社会援助制度。⑤

与已婚者生育的未婚妈妈在道德上容易遭受社会歧视。虽然中国有着"三妻四妾"的传统，但是该传统在新中国成立后遭到了社会的猛烈抨击。当代该传统出现复兴的苗头，其具体表现是已婚大款包养未婚小三或者二

---

① 张亮：《未婚怀孕：意外还是计划之内？——流动青年同居者的怀孕意愿与经历研究》，《妇女研究论丛》2021 年第 1 期。

② Tania Branigan, "For Chinese Women, Unmarried Motherhood Remains the Final Taboo", *Guardian*, 2014, http：//www. theguardian. com/world/2014/jan/20/china-unmarried-motherhood-remains-final-taboo; Christopher Cruise, "Big Increase in Young, Unwed Mothers in China", https：//edu. iask. sina. com. cn/jy/2quxDqJnNrK. html, 2013; Jonathan Kaiman, "Chinese Unmarried Mothers Could Face Huge Fines", *Guardian*, 2013, http：//www. theguardian. com/world/2013/jun/03/china-unmarried-mothers-wuhan-province-fines.

③ 符向军：《众筹抚养费难抚"未婚妈妈"隐痛》，《民主与法制时报》2015 年 8 月 11 日第 2 版。

④ 宝蓉：《未婚妈妈之困：生育保险金该不该享有？》，《恋爱婚姻家庭》（上半月）2020 年第 4 期，第 57—59 页。

⑤ 王世军：《单亲家庭贫困问题》，《浙江学刊》2002 年第 1 期。

奶。由于在该种关系中，男性已经结婚，"二奶"或者"小三"并不能和对方结婚，她们往往居住在由其富裕的伴侣提供的住宅中，并且每月会从其伴侣那里得到高额生活费，与之相应她们为其伴侣提供性和生育服务，这一群未婚妈妈往往被描述成"道德沦丧"或者"嗜财如命"。①

由于政策的不友好以及社会对未婚生育行为的歧视，在中国未婚生育者群体中，出现弃婴甚至弑婴的极端案例。2020年11月17日，《检察日报》上发表了这样一篇文章《未婚妈妈的弃子困局：我自己养不起，希望有人收养她》，讲到近年来中国年轻未婚女性杀害、遗弃或者拐卖儿童的案件呈上升趋势。自2015年以来，仅苏州市虎丘区法院办理相关案件就有9件14人，仅2019年一年办理或者提前介入的就有7件10人。② 在北京，2012年到2015年间累计发生的未婚妈妈溺婴案件就有8件8人，几乎每年有此类案件发生。③

当然，随着社会观念的转变，有少部分中产及以上的单身女性（包括同性恋女性）主动选择成为单身母亲。由于中国不允许单身男女接受人工授精，这些单身女性选择去海外接受人工辅助生育，然后将孩子带回中国独自抚养。由于这一生育成本太高，远远超出许多普通单身女性所能承受的经济范围，因此目前选择这种生育手段的中国女性并不多。不过随着中国经济的发展、女性经济独立能力的提高，以及社会对于家庭、婚姻和生育观念的改变，未来可能会有更多的女性选择用这样的方法来实现自己成为母亲的理想。

至于学术研究，有少部分文章从不同角度对未婚妈妈进行了粗略研究，其中有关注未婚生育伦理问题的④，有些对未婚女性堕胎问题进行了研究⑤，还有些学者对于单亲家庭中子女可能出现的心理、社会、学习问题等进行了探讨。⑥ 肖索未的著作《欲望与尊严：转型期中国的阶层、性

---

① Brendon Hong, "China's Concubine Culture Lives On in Mistress Villages", 2014, http://www.thedailybeast.com/chinas-concubine-culture-lives-on-in-mistress-villages.
② 檀杉杉、卢志坚：《未婚妈妈的弃子困局：我自己养不起，希望有人收养她》，https://www.thepaper.cn/newsDetail_forward_10029810。
③ 杨迪菲：《流动女性溺婴案件的社会关切与司法回应》，《中国检察官》2016年第8期，第43页。
④ 曹阳：《对当今中国未婚妈妈现象的伦理透视》，硕士学位论文，湖南师范大学，2008年。
⑤ 潘整中、冯国桢：《未婚先孕所引起的》，《社会》1986年第2期。
⑥ 王世军：《单亲家庭及其对子女成长的影响》，《学海》2002年第4期。

别与亲密关系》对中国珠三角地区二奶的亲密关系进行了深入剖析，揭示了转型时期婚外包养关系中的阶层、性别、情感等。其中，她特别提到对于被包养者来说，一般人将这段关系视为"一种基于双方意愿或需求、不具长期承诺、充满不确定性的亲密关系，不倾向于因生育而陷入较为被动的境地"①，而"敢生孩子"则意味着二人情感的长期承诺，代表着关系性质的巨大转变。肖索未的研究展现了未婚妈妈中"二奶"的亲密关系，但是总的来说国内学术界缺乏关于未婚妈妈生育选择及其日常生活等的经验研究以及基于此的理论分析和政策建议研究。上述媒体报道和期刊文章虽然从某些方面展现了中国未婚妈妈的生活，但是远远没有完全展现她们生活的多元性以及选择背后原因的多样性，更没有从社会学理论角度对其生育选择和权利追求作出分析，也没有对现实国家政策和制度提出建设性意见。

高晓君和魏伟的研究是国内少有的对中国单身妈妈的生育选择和生存状况进行探讨的文章，该文章基于对中产阶层女性的单身生育实践的研究，指出了单身生育是中国社会个体化进程的产物，体现了这些女性对传统性别角色的挑战和自我意识的觉醒。同时，这些女性的原生家庭对于她们的育儿和照料给予了很大的支持，所以该文章认为单身生育体现了个体主义和家庭主义之间的协商和融合，并重新塑造了女性对家庭内外不同性别角色的认同。②

未婚妈妈的选择本身从来不是一个单纯对/错问题，对其分析也不应该分裂为正面/负面。实际上，这些女性的选择过程是一个十分复杂而纠结的过程——尤其在中国的政策和道德环境下，其生育选择之后所经历的抚育生活也是多元的。因此，本书将采取中间派的路线，基于未婚妈妈的客观现实展现其复杂性，更重要的是，从这些现实经验的复杂性中分析其生育僭越的原因、如何处理生育僭越后所遇到的困难，让自己和孩子过上得体的生活。

---

① 肖索未：《欲望与尊严：转型期中国的阶层、性别与亲密关系》，社会科学文献出版社 2018 年版，第 122 页。

② 高晓君、魏伟：《女人当家？——单身生育和性别角色的重新协商》，《妇女研究论丛》2022 年第 3 期。

第三章 未婚生育的政策背景[*]

1950 年中国第一部《中华人民共和国婚姻法》颁布，第一条明确规定，"废除包办强迫、男尊女卑、漠视子女利益的封建主义婚姻制度。实行男女婚姻自由、一夫一妻、男女权利平等、保护妇女和子女合法权益的新民主主义婚姻制度"。第二条进一步规定"禁止重婚、纳妾"。这从法律上否定了传统的一夫多妻制，确定了一夫一妻制为中国婚姻的唯一合法制度。

本书通过梳理有关未婚生育的政策和法律，指出中国未婚生育政策出现了一定程度的转型，从过去的限制到现在的默许，凸显了中国在第二次人口转型过程中对于未婚生育行为进行的政策性调整。本章还将介绍部分发达国家的未婚生育政策，指出其在经济、就业、住房、税收、社会救济等方面对未婚/单身妈妈的政策支持，十分有力地改善了贫困未婚/单身妈妈的生活状态。笔者认为，随着中国生育率不断下降以及人口老年化的加速，未来需要开放单身女性的生育权，同时给予贫困单身母亲一定的社会福利保障，使单身生育不再成为贫困的原因。

第一节 中国未婚生育政策

中国的生育政治话语具有以人口控制和生殖健康双重导向为主，生育权为辅的特征。尽管中国的计划生育政策逐渐变得宽松，2015 年出台了二

该章部分被发表在了《中国未婚生育社会政策：从限制到默许》，《北方论丛》2024 年第 5 期。

* 该章部分被发表在了《中国未婚生育社会政策：从限制到默许》，《北方论丛》2024 年第 5 期。

孩政策，继而2021年又出台了三孩政策，但是从法律层面来看，人口控制依然是中国人口政策的主要目标。根据中国2001年出台2015年修正的《中华人民共和国人口与计划生育法》（以下简称《人口与计划生育法》）："中国是人口众多的国家，实行计划生育是国家的基本国策。国家采取综合措施，控制人口数量，提高人口素质"（第二条）；"人口与计划生育实施方案应当规定控制人口数量，加强母婴保健，提高人口素质的措施"（第十一条）；"计划生育、教育、科技、文化、卫生、民政、新闻出版、广播电视等部门应当组织开展人口与计划生育宣传教育"（第十三条）。很明显，"控制人口数量，提高人口素质"仍然是中国基本的生育政治话语。

中国也在积极开展生殖健康服务。2001年中国颁布实施的《中华人民共和国母婴保健法实施办法》中明确规定，"以保健为中心、以保障生殖健康为目的，实现保健与临床相结合，面向群体、面向基层和预防为主"（第五条）是中国未来母婴工作的重要方针。同时，该实施办法除了强调婚前、孕产期和婴儿的保健之外，还将"有关生育、节育、不育的其他生殖保健服务"列入母婴保健技术服务中。婚前保健中，该办法提出了"婚前卫生指导"，包括"有关性卫生的保健和教育"，"新婚避孕知识及计划生育指导"，"受孕前的准备、环境和疾病对后代影响等孕前保健知识"，"遗传病的基本知识"，"影响婚育的有关疾病的基本知识"，"其他生殖健康知识"（第九条）。孕产期的保健服务则包括"为孕产妇提供卫生、营养、心理等方面的医学指导与咨询"，"对高危孕妇进行重点监护、随访和医疗保健服务"，"为孕产妇提供安全分娩技术服务"，"定期进行产后访视，指导产妇科学喂养婴儿"（第十八条）等。婴儿保健方面，该办法提出"开展新生儿先天性、遗传性代谢病筛查、诊断、治疗和监测"（第二十五条），"定期对其进行健康检查、提供有关预防疾病、合理膳食、促进智力发育等科学知识，做好婴儿多发病、常见病防治等医疗保健服务"（第二十六条）。总之，该办法是保障中国孕产妇和婴儿健康的重要法律依据，有力地促进了生殖健康的落实。

从生育权角度来看，虽然中国有法律保护女性的生育权，但是保护是有一定前提的，而且女性的生育自由也是有限的。1992年颁布的《中华人民共和国妇女权益保障法》首次提出了生育权这个概念，不过该法律是这样规定的："妇女有按照国家有关规定生育子女的权利，也有不生育的自由"（第五十一条），也就是说，女性享有不生育的自由，可并不享有生育的自由，女性生育需要符合国家有关的规定。1994年的开罗会议上，中国代表在会议的《行动纲领》中签了字，彭佩云在该会议的讲话中指出，"政府应当努力向所有需要计划生育服务的人，提供可接受、可获得并能负担得起的高质量的计划生育服务，帮助所有夫妇和个人自由地、负责地作出有关生育的决定。推行计划生育应反对任何形式的强迫命令"①。不过，在现实生活中，公民享有的生育自由依然是有限的。《人口与计划生育法》（2015）规定，"公民有生育的权利，有依法实行计划生育的义务"，表明国家赋予公民的生育权依然以遵守国家计划生育法为义务前提。与此同时，《人口与计划生育法》（2015）规定："各级人民政府及其工作人员在推行计划生育工作中应当严格依法行政，文明执法，不得侵犯公民的合法权益"（第四条），将计划生育法的执行和保护公民权益共同提出，不过该法又指出"计划生育行政部门及其工作人员依法执行公务受法律保护"（第四条），进一步维护了国家执法人的权威。

在中国，不仅公民享有的生育自由是有限的，能享受生育权利的公民也是有条件的。国家所认可的生育权主体是夫妻而非个人，单身者并没有权利生育。根据《人口与计划生育法》（2015）第十七条："夫妻双方在实行计划生育中负有共同的责任"，第十八条更加明确地指出，"国家提倡一对夫妻生育两个子女"。中国规定的能够接受人工授精的主体也不包括单身者，根据《人类辅助生殖技术规范》第十三条，"禁止给不符合国家人口和计划生育法规和条例规定的夫妇和单身妇女实施人类辅助生殖技术"。单身者在中国不能合法生育，也不能合法享受人类辅助生殖技术，其在政策上遭受着种种限制。

2020年中国新通过的《中华人民共和国民法典》规定，"有下列情形之一，导致离婚的，无过错方有权请求损害赔偿：（一）重婚，（二）与他人同居"，由此可见中国新出台的《中华人民共和国民法典》依然采取保护原配家庭和婚姻的原则。在承认和保护一夫（男）一妻（女）作为婚姻和家庭合法主体的同时，中国各省市的计划生育条例还对未婚生育行为（包括未婚生育和重婚生育）给予不同程度的经济和行政处罚。2020年前，各省对未婚生育者社会抚养费的征收大体可以分为以下几种。

第一，对与有配偶者生育的人征收更重的社会抚养费。比如《广东省人

---

① 彭佩云：《在国际人口与发展大会上的发言（摘要）》，《人口与计划生育》1994年第5期。

口与计划生育条例》就规定，"有配偶又与他人生育的，按本条第（一）项或者第（二）项规定的计算基数征收六倍以上九倍以下的社会抚养费"，而"未办理结婚登记生育第一胎子女，责令补办结婚登记；未办理结婚登记生育第二胎子女，按本条第（一）项或者第（二）项规定的计算基数征收二倍的社会抚养费；未办理结婚登记生育第三胎以上子女的，按本条第（一）项或者第（二）项规定的计算基数征收三倍以上六倍以下的社会抚养费"。中国大多数省份都延续了这一惩罚原则，对与有配偶生育者征收更多的社会抚养费，这主要是为了维持婚姻的稳定性并保护一夫一妻制婚姻。

第二，有些省份对所有未婚生育者一视同仁，也就是说不管是与已婚者还是未婚者未婚生育的，都征收相同的罚款，比如《新疆维吾尔自治区人口与计划生育条例》中就规定，"违反本条例规定非婚生育的，以违法当事人所在县（市）上一年城市人均可支配收入或者农村人均纯收入为标准，分别征收三至八倍的社会抚养费，双方当事人合计征收不得超过十倍"。这里统一用"非婚生育的"来指称与已婚者和未婚者未婚生育的人，并对该行为进行统一的社会抚养费征收。

第三，对社会抚养费的征收无具体数额规定，比如《北京市人口与计划生育条例》就规定，"违反本条例规定生育子女的夫妻，应当依法缴纳社会抚养费。征收社会抚养费的具体办法，由市人民政府制定"。此外，甘肃、天津、上海、青海、河南等省市也都没有对社会抚养费的征收数额进行具体规定。

第四，除了征收社会抚养费外，有些省份对于违反计划生育政策的国家机关工作人员甚至还出台了行政处分的规定。比如《江西省人口与计划生育条例》就规定，"国家工作人员、事业单位和各类企业职工不符合本条例第九条规定的条件再生育或者重婚生育的，除按照规定征收社会抚养费外，还应当给予降级或者撤职处分；情节严重的，给予开除处分或者解除劳动关系"。《重庆市人口和计划生育违法违纪行为处分规定》，公务员违法生育一个子女的，给予降级或撤职处分；违法生育两个或者多个子女的，给予开除处分。未婚生育一个子女的，给予警告处分；未婚生育两个或多个子女的，给予降级或者撤职处分；情节严重的，给予开除处分。①

---

① 朱薇：《重庆：公务员未婚生育或超生，可给开除处分》，《新华每日电讯》2007年4月1日，
　第2版。

　　缴纳社会抚养费是非婚生子办理户口的重要条件,若不支付社会抚养费,非婚生孩子就无法上户口,孩子无法上户口,就意味着其不具有公民身份,那么公立的教育、医疗、社会保险等都无法享受,甚至连出行买火车票飞机票都困难。实际上,非婚生子在办理出生证明时也会遇到一些困难,而这也是其办理户口的前提条件。出生医学证明是国家卫生与计划生育委员会统一印制的给予新生儿的出生证明,上面一般有婴儿父母姓名、身份证号,婴儿姓名,户口地址等信息。不同地区对于出生证明的办理有不同的要求,一般来说,需要新生儿父母的结婚证、身份证、户口等证件。不过在实际操作中,不同的医院、地区又会有不同的操作办法。有些未婚母亲在没有结婚证的情况下也成功为新生儿办理了出生证明,上面新生儿父亲信息空白,只填了母亲和新生儿的信息;有些未婚母亲则表示出生证明的办理很困难。

　　对于无户口人员,国务院于2016年印发了《关于解决无户口人员登记户口问题的意见》。该《意见》指出,要进一步完善户口登记政策,禁止设立不符合户口登记规定的任何前置条件。对于不符合计划生育政策的无户口人员,《意见》也提出了具体的实施措施:"政策外生育、非婚生育的无户口人员,本人或者其监护人可以向该助产机构申领《出生医学证明》","无户口人员或者其监护人凭《出生医学证明》和父母一方的居民户口簿、结婚证或者非婚生育说明,申请办理常住户口登记"。这一《意见》的出台对于未婚妈妈来说是一个很大的福音,有不少未婚妈妈在2016年后陆陆续续成功为孩子办理了户口登记。

　　2021年,中共中央国务院出台了《关于优化生育政策 促进人口长期均衡发展的决定》,里面提到了"取消社会抚养费,清理和废止相关处罚规定","将入户、入学、入职等与个人生育情况全面脱钩",至此,未婚妈妈给孩子落户终于不再是难题。不过未婚生育的政策屏障还体现在其他地方,比如医院建档、生育保险费用的报销、生育津贴的领取等。医院建档是孕妇生产的首要步骤。不同地区医院建档的手续不一样,一般来说,对于未婚生育者,在公立医院建档比私立医院更加困难。比如北京地区的孕妇首先要去社区医院办理《母子健康档案》,而办理《母子健康档案》的时候社区医院的医生就会严格审查男女双方结婚证、户口本和身份证,没有《母子健康档案》的女性很难在北京市的公立医院建档,也难以在公立医院生产。未婚妈妈无法提供男女双方的结婚证、户口本和身份证,自然难以顺利办理《母子健康档案》。当然不同省份不同医院的规定不同，也有些未婚妈妈顺利在当地公立医院实现了生产。

未婚妈妈共同会遇到的另外一个困难是难以领取生育津贴，有些还不能正常报销生育医疗费用。中国颁布的《生育保险办法》《中华人民共和国劳动法》中都没有明确规定享受生育保险必须提供计划生育内生育证明。《生育保险办法》（2012）规定，"职工所在用人单位依法为其缴纳生育保险费的，职工可以按照国家规定享受生育保险待遇"（第十条），"生育保险待遇包括生育医疗费用和生育津贴"（第十一条）。也就是说，只要缴纳了生育保险费的职工，都应该有权利享受生育保险待遇。但是由于该条中包含了"按照国家规定"，有些省份在制定具体的保险报销办法时，就规定只有计划内生育才能享受生育保险待遇。比如，2009 年修正的《上海市城镇生育保险办法》第十三条规定，"（津贴、补贴申领条件）申领生育生活津贴、生育医疗费补贴的妇女必须同时具备下列条件：（一）具有本市城镇户籍；（二）参加本市城镇社会保险；（三）属于计划内生育；（四）在按规定设置产科、妇科的医疗机构生产或者流产（包括自然流产和人工流产）"。第十七条进一步规定了妇女生育后领取生育生活津贴和生育医疗费补贴需要提供的材料："（一）人口和计划生育管理部门出具的属于计划内生育的证明；（二）本人的身份证；（三）医疗机构出具的生育医学证明。申领人是失业妇女的除提供前款规定的材料外，还需提供经失业保险机构审核的《劳动手册》。"很明显，只有"计划内生育"才能申领生育生活津贴和生育医疗费补贴。2005 年北京出台的《北京市企业职工生育保险规定》中也明确规定，"不符合国家或者本市计划生育规定的"，生育、计划生育手术医疗费用生育保险基金不予支付。

2020 年 11 月 3 日，中国发布了《中共中央关于制定国民经济和社会发展第十四个五年规划和二〇三五年远景目标的建议》，其中就提到："实施积极应对人口老龄化国家战略，制定人口长期发展战略，优化生育政策，增强生育政策包容性，提高优生优育服务水平"。有学者在解读该份文件的时候指出，"增强生育政策包容性"既意味着包容三孩四孩家庭，又意味着包容非婚生育孩子和单亲家庭。①由此可以预见，未来中国国家政

---

① 梁建章：《解读什么叫"增强生育政策包容性"》，https://baijiahao.baidu.com/s? id = 1682424852078732956&wfr = spider&for = pc。

策层面对于未婚妈妈生育选择的屏障可能会逐渐减少。在此之后,上海地区悄悄放开了对于未婚生育的管控,不少未婚妈妈在 2021 年之后都表示通过网上申领拿到了生育津贴。不过在其他地区,未婚妈妈依然在为不能领取生育津贴而苦恼。

2022 年 8 月 17 日,在国家卫生健康委新闻发布会上,有媒体问及"生育津贴的发放有地区提出结婚证等前置条件,让一些未结婚但已生育的女性在办理生育津贴时可能存在障碍,有关部门是否考虑统一消除这些门槛?"对此,国家医保局待遇保障司副司长刘娟表示,《中华人民共和国社会保险法》遵循权利和义务对等,只要履行了生育保险的缴费责任,国家层面在待遇享受方面是没有门槛的,而且在经办服务清单上,关于享受生育保险生育津贴所需提供的相关材料也不需要提问中说的那些材料(结婚证)。由此可见,未婚女性的生育限制正在逐渐被松绑,未来未婚生育女性在领取生育津贴方面所遭遇的政策阻碍会进一步减少。此外,于 2023年 2 月 15 日起施行的《四川省生育登记服务管理办法》也规定,凡生育子女的公民,均应办理生育登记,这一规定取消了登记对象是否结婚的前置条件。

中国计划生育法中没有给予单身公民生育权利,各省的计划生育条例也基本沿袭《中华人民共和国人口与计划生育法》的规定,将夫妻而不是单身公民认定为合法的生育主体。唯一例外的是 2002 年吉林省第九届人民代表大会常务委员会颁布的《吉林省人口与计划生育条例》,其中第三十条规定:"达到法定婚龄决定不再结婚并无子女的妇女,可以采取合法的医学辅助生育技术手段生育一个子女。"该项规定认可了单身妇女使用辅助生育技术手段的权利,在国内开了先河。

可是该规定在现实的执行层面上也遭遇到了很多阻碍。主要是因为该地方规定不符合上面所说的国家层面的《中华人民共和国人口与计划生育法》,同时还与卫健委发布的《人类辅助生殖技术规范》和《人类辅助生殖技术和人类精子库伦理原则》相冲突。根据《人类辅助生殖技术规范》第十三条:"禁止给不符合国家人口和计划生育法规和条例规定的夫妇和单身妇女实施人类辅助生殖技术。"《人类辅助生殖技术管理办法》在关于"社会公益原则"的描述里,规定"医务人员必须严格贯彻国家人口和计划生育法律法规,不得对不符合国家人口和计划生育法规和条例规定的夫妇和单身妇女实施人类辅助生殖技术"。

国内公益组织如彩虹律师团、妇女传媒监测网络/女权之声以及性别平等网组成的单身女性生育权关注组 2016 年编著的《女性生育要自由——中国"单身"女性生育权现状及法律政策调查报告》调查了全国范围内的二十家精子库，发现"除了河南、陕西和辽宁三个精子库电话不通、联系不上以外，其它十七家精子库均表示必须结婚了的夫妻双方来申请才可以提供精子，同时申请时需要提交的材料里也包括结婚证"，因此单身女性向精子库申请精子从而怀孕生子基本不可能。①该关注组吉林籍成员马户还亲自走访了吉林省 4 家设立有生殖中心的医院：吉林大学第一医院、吉林大学第二医院、吉林省人民医院和长春市妇产医院，发现这 4 家医院都拒绝为单身女性提供人工辅助生殖技术。②虽然吉林省的人口与计划生育条例规定为保障单身女性的生育权提供了一定的法律依据，由于该地方法律和国家法律以及其他卫健委规定之间的冲突，该法律并没有真正得到落实。尽管吉林省自 2002 出台该项规定到如今已经有 20 多年，单身女性通过人工辅助生殖技术生育的案例非常少，"条例刚出台的时候，只有一例或者两例，是吉林市人，但卫计委表示没有案例资料可以提供"③。

　　目前中国已经启动起草《辅助生殖技术管理条例》，在 2020 年的"两会"上，有多位全国政协委员提交了"允许具备医学指征的未婚女性保存生育力""赋予单身女性实施辅助生育技术权利"等相关提案。2022 年的"两会"上，花亚伟在提案中呼吁，全社会以更加包容的态度对待未婚生育，满足大龄单身女性的生育意愿，对其生育的孩子在落户、就学、就医等方面一视同仁。他还建议，允许年满 30 周岁以上的未婚女性生育一胎，且合法享受生育产假、生育保险的权利。不仅如此，2022 年两会期间，全国政协委员金李也提出，要尽快改变传统观念，对单身大龄女性或暂时找不到适合结婚对象而主观愿意生育力保存的女性，都应放开生育力保存，

---

① 单身女性生育权关注组编著：《女性生育要自由——中国"单身"女性生育权现状及法律政策调查报告》，第 11 页（关注组由彩虹律师团，妇女传媒监测网络/女权之声，性别平等网组成）。

② 单身女性生育权关注组编著：《女性生育要自由——中国"单身"女性生育权现状及法律政策调查报告》，第 32 页（关注组由彩虹律师团，妇女传媒监测网络/女权之声，性别平等网组成）。

③ 单身女性生育权关注组编著：《女性生育要自由——中国"单身"女性生育权现状及法律政策调查报告》，第 27 页（关注组由彩虹律师团，妇女传媒监测网络/女权之声，性别平等网组成）。

同时对大龄单身女性非婚生育小孩应予以认可，在户口、上学、医疗以及其他方面都应一视同仁。针对这些提案，国家卫生健康委也公开进行了答复，将研究制定卵子冷冻技术规范和相关标准，科学客观审慎推进冷冻技术的临床应用，切实维护妇女和子代健康权益，相信未来关于单身女性冻卵以及单身女性生育权益的问题也将得到更多的关注和妥善处理。

第二节　其他国家和地区的未婚生育政策

2005 年，英国有 45% 的单亲家庭是未婚生育家庭，远远高于 32% 的离异家庭；美国的单亲家庭中未婚生育和离异家庭的比例则差不多，都在 42% 左右。①这些国家对于未婚和单亲妈妈出台了不少救济和福利政策，包括直接的经济资助、住房条件的倾斜、工作机会的增加、税收的减少等。

1918 年当时世界处于第一次世界大战期间，英国出现了很多单亲家庭，为了解决单亲妈妈的贫困问题，Lettice Fisher 成立了"未婚妈妈和其孩子全国委员会"（the National Council for the Unmarried Mother and her Child），其成立目标有两个：第一，当时英国存在的《私生子法令》（the Bastardy Acts）② 和《归属条例》（the Affiliation Orders Acts）使得婚外生子享受比婚内生子更少的权利，该委员会致力于改革这两个条例；第二，该委员会希望通过给未婚妈妈和孩子提供住宿改善婚外生子的高死亡率。1920 年，委员会开始为单亲和其孩子提供济贫院（workhouse）。30 年代，济贫院项目被叫停，取而代之的是单亲父母都可以从政府那里得到资助而不再需要依赖慈善机构。20 世纪 70 年代，Tessa Fothergill 作为单身妈妈，为了帮助像她一样的母亲克服孤独，成立了 Gingerbread。"未婚妈妈和其孩子全国委员会"也改名为"单亲家庭全国委员会"（National Council for One Parent Families）。但是到 80 年代，时任总统的撒切尔夫人在说到年轻女性怀孕的时候还指责她们怀孕是为了在福利房排队中插队。为了克服单

---

① Ekaterina Hertog, *Tough Choices: Bearing an Illegitimate Child in Contemporary Japan*, Stanford, Calif: Stanford University Press, 2009, p. 11.

② 1987 年，《私生子法令》（*the Bastardy Acts*）才被《家庭法律改革令》（*the Family Law Reform Act*）取代，终于给予婚外生子和婚内生子同等权利。

亲家庭不可接受的贫穷程度，并增加其获得福利和工作的机会，单亲家庭全国委员会做了很大的努力。1987 年，在长达 69 年的呼吁之后，《私生子法令》（the Bastardy Acts）才终于被废除，取而代之的是《家庭法律改革令》（the Family Law Reform Act），婚外生孩子直到这时候才拥有和婚内生孩子平等的权利。2007 年，Gingerbread 和单亲家庭全国委员会这两个机构最终合并成一个十分强大的社会基层组织，其名字还是 Gingerbread，主席是英国著名小说家杰克·罗琳（J. K. Rowling），它所奉行的基本准则是"单身父母，平等家庭"（single parents，equal families），在帮助当代英国的未婚妈妈方面起到很大的作用。①

　　有学者指出，英国的单亲家庭政策经历了下面三个阶段②：一是福利国家初建时的政策探索。"过失观"曾长期流行于英国社会，1913 年通过的《智力缺陷法案》准许地方当局认定和无限期拘留"不道德"的未婚先孕女性，许多未婚母亲甚至被当作"精神病患者"投入疯人院。第二次世界大战后，英国开始建立现代福利国家。1948 年，英国设立国民救济金，成为这一时期单亲家庭主要的福利补助。但是这个时期，单亲家庭能够得到的福利保障依然是有限的，一方面，丧偶单亲家庭因为"无辜性"，一直被社会和政府特殊对待，相关的福利补贴一直保持增长趋势；另一方面，因"个人过失"而形成的非丧偶单亲家庭则一直被社会冷漠对待，甚至无法得到官方承认。二是《费列报告》（the Finer Report）后的制度保障。1974 年的《费列报告》是第一份专门针对单亲家庭问题而发布的政府性文件，此后收入、税收、住房在内的相关社会政策不断被建立。首先，1970 年英国政府建立了家庭收入补贴（Family Income Supplement，FIS），虽然这是面向全体低收入家庭的福利政策，但主要对象是单亲家庭。其次，政策改革了"最低收入补助金"（Supplementary Benefit），单亲母亲家庭的最低收入补助金由国家和前夫两方承担，前夫承担 1/5，国家承担 4/5。再次，1975 年英国财政部建立了"附加个人补贴"的减税计划（Additional Personal Allowance，APA），对单亲家庭所得税进行了减免与补助。三是撒切尔政府以来的福利改革。首先，政府提高了社会保障标准，

① Gingerbread，Our History，https：//www. gingerbread. org. uk/what-we-do/about-gingerbread/our-history/.
② 李超：《二十世纪下半叶英国单亲家庭研究》，硕士学位论文，安徽师范大学，2014 年，第 38—42 页。

扩大了领取补助范围。其次,80 年代后英国政府认为责任主体不应限定为政府部门,越来越强调个人和社会的责任。重视个人的家庭责任,同时增加社会或私人性质的育儿服务机构。针对单身母亲就业难的问题,工党政府还实施"成年工作者模式"的就业政策,规定单亲家长参与就业可获得每周 15 英镑的培训奖励,如果成功就业还能获得每周 20 英镑的补助,这大大提高了单亲家庭的就业热情,单亲母亲的就业率因此增长了约 39%。

美国在不同时期也出台了不同的福利政策来帮助贫困的单亲家庭。罗斯福上任后于 1935 年出台了"对有未成年子女的家庭援助"政策 (Aid to Families with Dependent Children, AFDC),通过政府援助手段帮助贫困单亲儿童及其单亲家长。20 世纪七八十年代,第二波女权主义的发展使得美国的家庭关系发生了很大的变化。单身母亲数量迅速上升,尤其是婚外生育的女性;青年怀孕数量不断增多;离婚率不断上升。[1] 政府管理者逐渐意识到,单凭政府援助没法解决单亲家庭贫困的问题,而且随着单亲家庭数量的逐渐上升,政府的财政压力也越来越大,要从根本上解决单亲家庭贫困问题还是要靠就业。里根总统上任后实施了《家庭支持法》,将福利政策与推动福利人口就业联系起来。克林顿总统于 1996 年签署了《个人责任与工作机会协调法案》(the Personal Responsibility and Work Opportunity Reconciliation Act, PRWORA),又名为贫困家庭临时救助 (Temporary Assistance for Needy Families, TANF),用它取代了罗斯福时代实行的"对有子女家庭补助计划"项目,其目的不仅在于为贫困家庭提供援助还为其提供就业机会,同时致力于减少非婚怀孕发生的概率,鼓励贫困女性通过婚姻组建并维系双亲家庭摆脱贫困。[2] PRWORA 项目实行之后,产生了一些积极效果,比如有数据显示福利家庭从 1996 年的 450 万下降到 2002 年的 210 万,TANF 接受者的就业率从 1994 年的 8% 上升到 1999 年的 28%。[3] 不过也有些学者认为该政策是失败的,指出它虽然提升了就业率,但是就业率的提升也许并不是该政策直接导致的。有证据还表明那些通过就业离开了国家福利系统的单身母亲并不比在福利系统时过得好,一方面

① Ruth Sidel, *Unsung Heroines: Single Mothers and the American Dream*, Berkeley: University of California Press, 2006, p. 11.

② 吕洪艳、梁茂信:《公共价值与 20 世纪末美国女性单亲家庭福利改革话语的构建》,《历史教学》(下半月刊) 2018 第 16 期,第 55 页。

③ U. S. Department of Health and Human Services 2002, pp. 11 – 37.

她们从事着低收入劳动，另一方面她们还要平衡工作和家庭。该政策虽然减轻了财政负担，但是并没有降低单亲家庭及其孩子的贫困率，整个 90 年代前期，职业母亲的贫困率保持平稳，但是从 1996 年到 2002 年贫困率却直线上升。① 另外该政策还设定了两年的期限，要求单亲父母在这两年内找到工作，有该项目的参与者就抱怨，对于那些想完成本科学业的人来说，这两年时间根本不够，所以她们不得不放弃这个想法转而从事更为低端的工作。②

　　新西兰是发达国家中单亲家庭比例比较高的国家之一。2013 年人口普查时，有子女的单亲家庭数量为 201804 个，远远高于 2006 年的 19635 个。③ 根据 Superu 的调查，"低收入和住房问题是单亲父母最常见的不利条件。近四成有多重困难的单亲家长收入较低，近三分之二的家长面临住房条件比较差或过度拥挤的问题"，而"毛利人和太平洋岛民家庭的单亲父母比亚洲或欧洲家庭更有可能体验到住房困难"。④新西兰政府针对单亲家庭数量急剧上升而单亲家庭在收入、物质福利、就业、教育、住房、安全、人际交往等诸多方面处于劣势的状况专门制定了"单身父母福利"。家庭用途惠益（Domestic Purposes Benefit，DPB）就是主要针对有子女的单亲父母的社会保障制度。根据 1974 年的《家庭用途惠益法》，无论父亲是否提供抚养费，所有单身母亲都可获得政府财政支出（家庭用途惠益）。⑤具体的申请条件是："申请人必须年满 19 周岁；申请人必须有小于 14 岁的儿童需要照顾（可以是亲生的或是领养的）；没有固定伴侣；申请人必须拥有新西兰护照或是 Permanent Resident（如果是 PR 必须已经拥有 PR 两年以上，并且常住新西兰）；如果申请人确实无法常住新西兰，可以与工

---

① Ellen Reese, *Backlash against Welfare Mothers：Past and Present*, Berkeley：University of California Press, 2005, p5.
② Ellen Reese, *Backlash against Welfare Mothers：Past and Present*, Berkeley：University of California Press, 2005, p7.
③ 张萌萌：《浅析新西兰单亲家庭现状及相关福利政策》，《现代交际》2019 年第 2 期，第 256 页。
④ 张萌萌：《浅析新西兰单亲家庭现状及相关福利政策》，《现代交际》2019 年第 2 期，第 256 页。
⑤ 张萌萌：《浅析新西兰单亲家庭现状及相关福利政策》，《现代交际》2019 年第 2 期，第 256 页。

作收入局工作人员联系对这个问题进行讨论"①。

日本的未婚生育家庭占比很少。2005 年所有未婚生育的孩子只占整个人口的百分之二。② 2006 年,在所有单亲家庭中,79.7% 的单亲家庭是离异家庭,只有 6.7% 的家庭是未婚生育家庭。③ 如此低的未婚生育率和欧美国家形成了鲜明的对比。同样都为发达的工业国家,为什么在日本未婚生育率如此之低而在欧美却如此之高?Hertog 通过研究指出,劳动力市场中未婚生育女性具有的劣势、国家福利政策的缺失、社会的歧视、宽松的流产环境等都构成了女性不愿意选择未婚生育的原因。④ 虽然日本未婚生育家庭占比小,政府针对未婚生育家庭依然制定了一系列帮扶措施。首先,单亲母亲可以和已婚母亲一样享受产假、儿童保育假,以及日本特有的日托福利政策(日本日托费用在全世界处于低水平,该费用通过缴纳税费抵扣,单身贫困母亲可以享受税费减免等优惠),抚育孩子津贴(Child Rearing Allowance),同时单身母亲还可以享受工资税收减免等政策。其次,从 2003 年起,在健康、劳动和福利部门的组织下,地方政府开始组建单身母亲就业和独立的支持中心,从而提供一些就业免费培训、就业奖金支持等。最后,日本还有一项对单身母亲开放的福利政策——保护生计项目(Livelihood Protection Scheme),这是唯一可以让单身女性不用通过工作而得到福利的项目。2005 年,该项目给予每个单身母亲家庭 122960 到 158650 日元(价值 1100 美元到 1400 美元)⑤,但是由于该项目申请繁杂而且对申请者有非常严格的资质审核,真正申请上该项目的单身母亲并不多。通过大力推动单身母亲就业,实施家庭和工作友好政策,日本单身母亲的就业率在全世界属于高水平,达到了 87.3%。⑥

① 张萌萌:《浅析新西兰单亲家庭现状及相关福利政策》,《现代交际》2019 年第 2 期,第 255 页。

② Ekaterina Hertog, *Tough Choices: Bearing an Illegitimate Child in Contemporary Japan*, Stanford, Calif: Stanford University Press, 2009, p. 9.

③ Ekaterina Hertog, *Tough Choices: Bearing an Illegitimate Child in Contemporary Japan*, Stanford, Calif: Stanford University Press, 2009, p. 11.

④ Ekaterina Hertog, *Tough Choices: Bearing an Illegitimate Child in Contemporary Japan*, Stanford, Calif: Stanford University Press, 2009.

⑤ Ekaterina Hertog, *Tough Choices: Bearing an Illegitimate Child in Contemporary Japan*, Stanford, Calif: Stanford University Press, 2009, p. 81.

⑥ Ekaterina Hertog, *Tough Choices: Bearing an Illegitimate Child in Contemporary Japan*, Stanford, Calif: Stanford University Press, 2009, p. 65.

和日本类似，未婚妈妈在韩国也会受到严重的社会歧视。① 根据韩国健康与福利部门的数据，只有百分之四的婚外生育会保留下来，其他的都会被流掉，而这被保留下来的孩子中，有75%会被其他人所收养。但是韩国政府对于单亲家庭和未婚母亲也实施了一些保障措施。韩国于1999年9月发布了《国民基础生活保障制度》并于2000年10月开始正式实施。自2003年卢武铉执政以来，提出了"参与性福利"的社会福利政策方向。在儿童福利中，扩大对单亲家庭儿童和未婚母亲家庭儿童的补贴。② 2005年1月开始正式实施《健康家庭基本法》，使韩国家庭福利政策对象从家庭成员转向了家庭整体，突出家庭福利政策方向的转变，这将进一步有助于单亲家庭享受国家福利。

　　总之，国外很多发达国家对于未婚生育女性在政策上相对友好，对单亲家庭在津贴领取、就业、住房、税收等政策上有不少倾斜。不过即便在友好的政策下，未婚生育也不是很多女性愿意作出的选择，尤其在日本、韩国等存在着对未婚生育女性歧视的国家。由此可见，生育选择也和社会文化、传统道德息息相关。不过为什么在道德和经济的双重压力下，中国依然会有单身女性作出未婚生育的选择？什么原因促成了这一生育僭越的实现？接下来的三章，笔者将根据自己对未婚母亲的访谈，分别从宗教、情感和身体等方面来分析未婚妈妈生育僭越背后的原因。

---

① Elise Hu, "South Korea's Single Moms Struggle to Remove a Social Stigma", https：//www. npr. org/sections/parallels/2015/05/11/405622494/south-koreas-single-moms-struggle-to-remove-a-social-stigma.

② 高春兰、金美英：《韩国家庭福利政策的范式转换：健康家庭基本法》，《社会政策研究》2017年第6期。

第四章 信仰的力量

　　目前关于中国的生育研究中，大多数关注计划生育政策对女性生育选择的影响[1]，而对宗教与生育选择关系的研究比较少。[2] 自 1980 年中国施行计划生育政策以来，流产被当作中国控制人口的一种方式，成为避孕失败后的重要补救措施[3]。选择流产的女性在当代中国社会和文化中不会受到道德的谴责[4]，对于个体家庭来说，在计划生育政策下，基于性别的选择性流产甚至成为实现家庭传宗接代的重要手段。[5] 根据 2014 年全国计划生育委员会的调查，2013 年中国实施了大约 1300 万例流产手术，是世界上实施流产

---

[1] Steven W. Mosher, *A Mother's Ordeal: One Women's Fight against China's One-Child Policy*, Harcourt Brace & Company, 1993; Tyrene White, *China's Longest Campaign: Birth Planning in the People's Republic 1949 – 2005*, Cornell University Press, 2006; Tyrene White, "Domination, Resistance and Accommodation in China's One-Child Campaign", In *Chinese Society: Change, Conflict and Resistance*.

[2] Jing-Bao Nie, *Behind the Silence: Chinese Voices on Abortion* (Asian Voices), Lanham, MD: Rowman & Littlefield Publishers, 2005.

[3] John S. Aird, *Slaughter of the Innocents: Coercive Birth Control in China*, Washington, D. C.: Lanham, MD: AEI Press, 1990; Steven W. Mosher, *A Mother's Ordeal: One Women's Fight against China's One-Child Policy*; Duolao Wang, Hong Yan, and Zhonghui Feng, "Abortion as a Backup Method for Contraceptive Failure in China", *Journal of Biosocial Science*, Vol. 36, No. 3, May 2004, pp. 279 – 287.

[4] Jing-Bao Nie, *Behind the Silence: Chinese Voices on Abortion* (Asian Voices), Lanham, MD: Rowman & Littlefield Publishers, 2005; Yi-Li Wu, *Reproducing Women: Medicine, Metaphor, and Childbirth in Late Imperial China*, Berkeley: University of California Press, 2010.

[5] Chu Junhong, "Prenatal Sex Determination and Sex-Selective Abortion in Rural Central China", *Population and Development Review*, Vol. 27, No. 2, 2001; Petra Löfstedt, Luo Shusheng, and Annika Johansson, "Abortion Patterns and Reported Sex Ratios at Birth in Rural Yunnan, China", *Reproductive Health Matters*, Vol. 12, No. 24, 2004, pp. 86 – 95; Rachel Murphy, "Fertility and Distorted Sex Ratios in a Rural Chinese County: Culture, State, and Policy", *Population and Development Review*, Vol. 29, No. 4, 2003, pp. 595 – 626; Qi and Mason, "Prenatal Sex-Selective Abortion and High Sex Ratio at Birth in the Rural Henan Province", *Chinese Sociological Review*, Vol. 44, No. 3, 2012.

手术最多的国家。① 如果将自然流产、药物流产以及在不合规的诊所实施的流产手术加起来的话,中国女性流产的数目远远高于这个数字。Nie的著作《沉默背后:关于堕胎的中国声音》中提供了很多中国女性的堕胎观念,绝大多数支持堕胎自由,即使对于他所访谈的三位基督徒,堕胎和计划生育政策依然被认为是可以接受的②。

与之形成鲜明对比的是笔者在田野过程中意外遇到的一些信仰佛教的未婚母亲和一个帮助未婚母亲的佛教组织。笔者所加入的六个未婚母亲QQ群中有三个是佛教组织建立的,这些群里都是信仰佛教或者声称自己信仰佛教的未婚母亲,她们不主张堕胎,QQ群的组织者每天也会推送主题为不要堕胎的文章和短视频。这一田野所见让笔者开始思考宗教尤其是佛教在当代中国女性生育选择中所起的作用。和主流的对堕胎持宽松观念的人群相比,这一小部分女性的生育观念显得格格不入却又十分可贵。

根据2018年国务院新闻办发表的《中国保障宗教信仰自由的政策和实践》白皮书,中国有佛教、道教、伊斯兰教、天主教和基督教等宗教,信教公民近2亿,其中佛教和道教信徒众多,但是由于普通信徒没有严格的入教程序,人数难以精确统计,其中佛教信徒最多,仅佛教教职人员就达到22.2万人。③ 佛教信徒不仅在总的信徒中占有很大比重,有研究发现在中国声称自己是佛教徒的人的比例也从2001年的2.1%上升到2007年的18.1%。④ 本章重点聚焦佛教徒未婚母亲和佛教组织,探讨宗教信仰尤其是佛教教义在女性生育僭越中所起的作用。

① Weiwei Cao, "Exploring 'Glorious Motherhood' in Chinese Abortion Law and Policy", *Feminist Legal Studies*, Vol. 23, No. 3, 2015, pp. 295–318.

② Jing-Bao Nie, *Behind the Silence: Chinese Voices on Abortion* (Asian Voices), Lanham, MD: Rowman & Littlefield Publishers, 2005.

③ 国务院新闻办公室:《中国保障宗教信仰自由的政策和实践》,2018年4月3日。

④ Rodney Stark and Eric Y. Liu, "The Religious Awakening in China", *Review of Religious Research*, Vol. 52, No. 3, 2011, p. 285.

第一节　"选择权"与"生命权"对立

在学术界和政治领域，对于流产问题一直存在两种截然不同的态度。一方秉持着胎儿具有生命权，提倡对流产进行限制；另一方则认为女性拥有自己的身体，有选择流产的自由。持有不同观点的学者、法官和政治家对于本国流产相关的政策、法律的制定会产生重大影响。

玛丽·沃斯通克拉夫特，英国著名的女权主义者，曾在作品《女权辩护》中强烈谴责女性"要么毁坏子宫中的胎儿，要么在他/她出生之后丢弃他/她"的行为，因为在玛丽看来，"任何自然的东西都应该得到尊重，那些破坏这一法则的人很少免受惩罚"①。沃斯通克拉夫特是女权主义者中为数不多的赞成生命权的学者，更多坚持胎儿"生命权"观点的是宗教界人士。佛教五戒中有一戒是不要杀生，流产被认为犯了这一戒，因此属于一种罪恶行为，会遭受佛教中讲的"因果报应"。天主教对流产也持否定态度，根据《圣经》，上帝是人类全能的创造物，只有上帝才能决定一个人的出生或死亡。1987 年梵蒂冈传信会在教宗的同意下出版的《人类生命起源之尊重生殖尊严的指导原则》中更是表明了天主教对于胎儿生命的立场："每一个人类从受孕到死亡那一刻止都具有生存与完整肉身的权利。"②伊斯兰教中不同的教派对流产的态度不同，有些教派认为四个月（120天）之前女性可以选择流产，有些教派则比较严格，认为父母没有结束胎儿生命的权力③。不过不管怎样，伊斯兰教学者一致认为，四个月之后无缘无故将胎儿流产，是被禁止的，该行为负有罪责④。目前穆斯林人口占大多数的 47 个国家中，有 18 个国家在任何情况下都不允许人工流产，除非为了挽救妇女的生命。

与上述秉持着"生命权"的学者和宗教界人士不同，随着第二波女权

---

① Mary Wollstonecraft, *A Vindication of the Rights of Woman*, Penguin Books, 1792.

② ［美］罗纳德·M. 德沃金：《生命的自主权——堕胎、安乐死与个人自由论辩》，郭贞伶、陈雅汝译，中国政法大学出版社 2013 年版，第 47 页。

③ 从恩霖：《伊斯兰教学者对于堕胎的教法主张》，《中国穆斯林》2000 年第 6 期。

④ 从恩霖：《伊斯兰教学者对于堕胎的教法主张》，《中国穆斯林》2000 年第 6 期。

主义的发展，越来越多的女权主义者开始为流产自由化而奋斗。[①] 早期这些女权主义者宣扬"我的身体，我的权利"（My Body，My Rights）的口号，认为在不影响女性健康的前提下有选择流产的自由。比如科利亚（Corrêa）和莱希曼（Reichmann）在诸多发展中国家开展了生育健康的调查，她们得出的结论是，"所有女性都应该有作出流产选择的自由——这一选择不受文化、法律和经济的限制，同时女性应能以多元方式完全实现其自身所预设的价值"[②]。著名女权主义理论家和活动家佩切斯基（Petchesky）也表明，"只要女性身体还会怀孕，那么流产就将继续被视为女性所必须的（necessity）——如果不是权利（rights）的话"[③]。

　　为了平衡生命权和选择权，很多国家都设立法律规定女性可以合法选择流产的天数，比如1967年英国就规定，流产必须在怀孕24周内进行。[④]美国自1973年最高法院对"罗诉韦德案"的裁决宣告了堕胎支持者的胜利，不过该裁决仅仅判定早孕期女性是有权利选择流产的，在后孕期胎儿能够脱离母体而生存时，法官仍然认定女性是应该尊重胎儿的生存权的。美国民主党和共和党关于堕胎的观点至今仍然处于分裂状态，民主党更加支持女性堕胎自由，而共和党倾向于保护胎儿生命。[⑤] 如今，美国很多州对于流产还是有严格的规定，对于孕后期的流产规定更是十分严苛，全美有43个州限制或禁止孕期超过22—24周的女性堕胎。近期，俄亥俄州更是通过了一项新的堕胎法案，该法案规定，只要能探测到胎儿的心跳就不允许堕胎，而如果通过超声波进行探测的话，甚至早在孕妇怀孕第五周就可以探测到胎儿的心跳。

① Corrêa and Reichmann, *Population and Reproductive Rights*, London: Zeal Books, 1994; Linda Gordon, *Woman's Body, Woman's Right: Birth Control in America*, New York, NY: Penguin Books, 1990; Rosalind P. Petchesky, *Abortion and Woman's Choice: The State, Sexuality, and Reproductive Freedom*, (The Northeastern Series on Feminist Theory), Boston: Northeastern University Press, 1990.

② Corrêa and Reichmann, *Population and Reproductive Rights*; Linda Gordon, *Woman's Body, Woman's Right*; Rosalind P. Petchesky, *Abortion and Woman's Choice: The State, Sexuality, and Reproductive Freedom*, (The Northeastern Series in Feminist Theory), p. 93.

③ Rosalind P. Petchesky, *Abortion and Woman's Choice: The State, Sexuality, and Reproductive Freedom*, (Northeastern Series on Feminist Theory), P. X.

④ Sally Sheldon, *Beyond Control: Medical Power and Abortion Law* (Law and Social Theory), London: Pluto, 1997.

⑤ 赵梅：《"选择权"与"生命权"——美国有关堕胎问题的论争》，《美国研究》1997年第4期。

在中国，20 世纪 80 年代以来，基层有 10 万左右的计划生育工作人员，很多计划生育办提供免费的避孕和流产服务。[1] 2000 年之后随着中国计划生育工作从人口控制向优生服务转型，基层计划生育办基本不再提供免费流产服务。再加上基层计划生育办的流产技术已经大大落后，去乡镇做流产手术的越来越少。中国女性被迫流产、结扎和上环的现象在 20 世纪八九十年代非常普遍[2]，上环、结扎、流产是中国已婚育龄妇女采取的重要避孕手段。在这种环境下，笔者所遇到的佛教徒未婚母亲的堕胎观念显得与众不同而又难能可贵。

第二节　生命观

小青是第一位接受笔者采访的未婚妈妈，也是一位佛教徒。虽然那时候我们在同一个城市，她依然不愿意和笔者见面，最终我们进行了电话访谈。小青非常善于言辞，整个访谈过程笔者几乎不用问过多的问题，大多数时间都是她在讲述，讲到情绪激动时，她情不自禁地掉下了眼泪。根据小青的讲述，她和她的伴侣本来是打算在她怀孕之后结婚的，但是在他们领证的几天前，小青却发现其伴侣还和另外一位女性发生了关系，小青毅然决然地决定分手，但她并不想打掉肚子里的孩子，正如她所说：

> 至于为什么要这个宝宝呢，就是，我信佛教，我有我的信仰，那两个大人不在一起了，那……你说……这是个小生命呀，嗯……不应该让这个孩子，不应该让这个生命来承担大人……最起码应该把它带到这个社会。然后，我就没想那么多。[3]

小青上面所提到的"信仰"便是佛教信仰，她从一开始就将自己的胎

---

① Sheila Hillier, "Women and Population Control in China: Issues of Sexuality, Power and Control", *Feminist Review*, No. 29, 1988, p. 106.

② Steven W. Mosher, *A Mother's Ordeal: One Women's Fight against China's One-Child Policy*, Harcourt Brace & Company, 1993.

③ 来源于 2014 年 6 月 20 日对小青的电话采访。

儿称为"小生命"，由此可以看出她所奉承的生命观。佛教并非提倡非婚生育，相反其对于婚外和婚前的性关系是十分反对的，但是相比于堕胎的罪恶来说，婚前和婚外性行为的罪恶要小得多。从佛教的生命观来看，堕胎不仅是杀生，还阻断众生成人修行的机会。佛教认为，胎儿本身就是一个生命。根据佛教中的《入胎经》，胎儿先是物质体，由受精卵进行分化，逐渐生长成有血有肉有器官的生命，并有了自己的意识。胚胎—胎儿—婴儿，与"人"在伦理本质上没有区别。而一旦怀孕，具有精神和物质两性的个体就已经形成，因此堕胎就相当于犯了杀人罪。

佛教将众生的生存形态分为三界、六道等类别。三界即欲界、色界、无色界，三界里分布着有情众生，而众生在死后都有一个去向即六道，分别为天道、人道、阿修罗道、畜生道、饿鬼道、地狱道，其中天道、人道、阿修罗道为三善道，而畜生道、饿鬼道和地狱道则为三恶道。众生根据自己所造的业来决定死后的去向。三界六道都处于不断轮回之中，人处于枢纽位置，既可以上升到天道，跳出轮回，修行成阿罗汉、菩萨甚至是佛，也可以下降到畜生、恶鬼，甚至下到十八层地狱。[1] 堕胎阻碍了小精灵成为众生中生命的机会，也阻断了它的轮回，破坏了其潜在修道机会。

据小青叙述，怀孕期间她还在一个供奉地藏菩萨的道场待了七天。道场生活改变了她的很多看法，比如以前她觉得金钱重要，后来觉得爱情重要，但是从那以后觉得信仰重要。在那里，她白天诵经和叩头，和其他孕妈一起观看视频学习佛教中关于流产和生育的内容，所有的课程和视频有一个共同的主题——不要杀生，不要堕胎。根据小青讲述，怀孕就相当于孩子投胎，这对于每个生命来说都是非常不容易的。

> 关于孩子来跟你投胎，有可能这个小宝宝等了你三百年或者五百年，或者上千年才等来了作为你孩子的这种机缘，所以它不会无缘无故的，就是来投胎在你这。孩子投胎到妈妈这，有四种因缘，一种是报恩，一种是报怨，一种是还债，一种就是讨债。好多宝宝一出生就生出各种疾病。现在医学虽然很发达，但是也免不了有些疾病查不出来，一出生就有各种疾病，那这种的呢，可能就是讨债的，把你的钱花得差不多了，这孩子死了，这债也讨完了，就是这种。然后……我

---

① 刘红青：《生死之间——佛教的堕胎观》，硕士学位论文，复旦大学，2008 年。

当时在那听的呢，读地藏经是可以赎罪的。然后我就每天在那道场读地藏经，一部地藏经大概两万字，每天要读五部。然后为孩子来忏悔，来赎罪。在孩子出生之前，好多都是可以改变的。

与科学或者医学中将怀孕看成精子和卵子的结合不同，佛教将怀孕看成孩子"投胎"。孩子投胎有四种因缘：报恩、报怨、还债和讨债。显然，报恩和还债是好的姻缘，而报怨和讨债则是坏的因缘，这也就是为什么孩子出生和成长的过程中和自己的父母有快乐，也会经历各种磕磕绊绊，为什么有些孩子很健康，而有些孩子则总是生病。如果说孩子投胎是因缘的结果，那么堕胎就相当于阻碍了这种因缘，是极其罪恶的。小青下面的叙述很有代表性地体现了地藏佛经中对于堕胎的解释。

> 这个宝宝来投胎，它能来到人世，其实就像国外讲下地狱，它能从地狱里出来，相当于它所受的罪过惩罚已经受完了，没有任何罪过了，它是很纯净的。没有造过任何孽。然后呢，你杀一个胎儿，就相当于杀一个罗汉，罪过特别大。现在从佛教来讲，是末法时期，再过若干年，慢慢地连佛经都看得见了。现在呢，应该是，满地畜生皮。讲的是什么意思，就是到处都是投胎到畜生道的。然后投胎到人道的是特别有福报的。佛家举了一个例子，像能够投胎做人，这个机会很难得，相当于一个千年的老海龟，浮到海面，然后大海里正好有一块木头，那木头里面可能有一个孔，这海龟不经意地浮到海面，就碰到这个木头，然后海龟一探头，就探到了这个木头孔里。这么小的几率才有一个人道的机遇。你偏偏就把它给堕掉了。它会特别特别恨你。如果这个阴灵，它不走，它恨你，会一直在你身边，一直到……所谓的小鬼难缠说的就是这个。

小青的叙述体现了佛教生命观中三界六道轮回说。投胎对于一个胎儿来说本来是很难得的，好不容易经历了地狱的各种惩罚投胎到人道。小青用了一个非常生动而形象的老海龟浮出水面探头进入木头孔的例子来说明投胎的难能可贵。如若堕胎，则阻碍了这个胎儿如此难得的投胎机会，这个胎儿就会阴灵不散，一直缠绕着堕胎者。因此，在小青看来，堕胎这种阻碍精灵投胎到人世的行为应该极力避免。

总的说来，未婚生育群体中基于生命观而将胎儿保留的例子并不少见，相比于普通的未婚妈妈，佛教徒未婚妈妈更多援引佛教中的教义来说明保护和尊重生命的可贵。这些佛教教义既包括受孕精子本身就可以看成具有生命的个体，也包括从投胎的角度来看待胎儿的生成。

第三节　因果观

　　佛教反对堕胎，不仅基于其生命观，还基于其因果观。佛教中有十二因缘和因果轮回之说，而缘起论是佛教中的核心教义。十二因缘包括：无明、行、识、名色、六入、触、受、爱、取、有、生、老死，这十二因缘不断流转，形成一个循环的圈子。那么，堕胎可能产生什么样的后果呢？佛经中有这样的论述。

　　"杀生之罪，能令众生堕于地狱、饿鬼、畜生。若生人中，得二种果报，一者短命，二者多病。"① "有十种业，能令众生得短命报，一者自行杀生，二者劝他杀生……七者坏他胎藏（即自我堕胎），八者教人毁坏（即教人堕胎），……以上十业得短命报。"②

　　由此可知，佛教认为堕胎能带来很多恶果，应该极力避免。有女性基于对因果报应的惧怕而不愿意将未婚怀孕的胎儿流产。小青在讲述中也谈到了"小鬼难缠"的表象。

　　　　你想超度必须得这个小阴灵它原谅你，它才会走，否则它不会走的。就像很多人莫名其妙地身体就不好了，说堕胎身体就不好，那实际上可能就是这个小阴灵宝宝不放过你，附在你身体哪个部位。就像你再想找结婚伴侣，可能就莫名其妙经常吵架，或者你再生了孩子，然后这个孩子就会特别不好养，老是哭老是闹，这个就是小鬼在捣乱。包括你的事业不顺，这都是小鬼不放过你，在捣乱，虽然是它投

────────────

① 《佛说善恶因果经》，《大正新修大藏经》，第 85 册，新文丰出版社 1934 年版，第 1382 中一下。

② 瞿昙法智译：《佛为首迦长者说业报差别经》，《大正新修大藏经》，第 1 册，新文丰出版社 1934 年版，第 891 下—892 上。

胎到你肚子里，你是它父母，如果你杀了它，这就像仇人一样。

小青上面的叙述很详细地体现了佛教中认为的堕胎所可能带来的孽缘。Karma，也就是"因缘"或者是"业力"，是佛教中很重要的一个概念，用通俗的话语来说就是善有善报，恶有恶报。堕胎属于孽缘，会带来厄运，因为它使罗汉在人世投胎的机会丧失了。不过除了多病之外，小青还提到堕胎可能带来的其他厄运，比如小孩经常哭闹难带、事业不顺等。

在笔者所接触的佛教徒未婚妈妈中，像小青一样害怕堕胎的恶果而将非婚胎儿保留的并不少见。小项也是因为害怕堕胎可能带来的孽缘而选择生下婚外孩子。小项是笔者在慈佑护生群里认识的一位未婚妈妈，也是这些未婚妈妈里唯一一个有两个孩子的妈妈。在她20多岁的时候，小项结婚生了第一个孩子，但是后来因为种种原因她和丈夫离婚。她后来在工作中认识了另外一位伴侣，并意外怀孕了。在小项怀孕之后，这位伴侣要求她去流产，甚至有一段时间还突然消失了，但是自始至终和小青一样，小项也几乎没有想过流产，正如她所说：

> 生我女儿之前，我跟我前夫堕过胎。那时候还年轻嘛，就觉得有个孩子，先不想要了，就堕过胎。反正从那以后自己运势一直都不是很好，工作也不是很理想，收入也不是很高，导致以后我生完孩子得过抑郁症，然后孩子两三岁的时候因为一些事情，我又犯了一次抑郁症……后来才知道这些可能都跟我堕胎有关系。所以呢我就是这次不管有多大的压力，都不能再去犯这个错误了。①

小项上面的叙述同样体现了佛教中善恶报应的观点——正因为她曾经体会过流产给她所带来的孽缘，比如运势不好、工作不理想、收入不高、得过抑郁症等，因此这次无论怎样她都不愿意再次流产。由于小项的经济一直处于拮据状态，她没有稳定的工作，也得不到家人以及孩子爸爸的支持和理解，最后小项不得不求助"互生"组织。正好互生组织的一位义工认识北京一家医院的院长，进而帮助小项住进医院并获得准生证，而该组织也帮助小项付了一部分医疗费用。在小项分娩之后坐月子期间，很多义

---

① 来源于2015年1月5日对小项的电话采访。

工还纷纷过来看望和照顾小项。如果没有互生的帮助，小项很有可能没办法顺利生产。也正因为这个经历，小项成为更加坚定的佛教徒。

堕胎可能给女性带来孽缘，为了避免孽缘，人们可以去寺庙超度婴灵，以减轻堕胎带来的果报。婴灵超度在日本尤其盛行，称之为"Mizuko Kuyo"风俗。Mizuko 的意思是"水子"，通常指流产的胎儿，既包含引产也包含自然流产的胎儿，而 Kuyo 则指佛教寺庙中提供的纪念仪式。这种纪念仪式一方面可以让流产的女性疏解心中的悲伤，另一方面也是对未出生婴儿的纪念。[①] William R. LaFleur 在其著作 *Liquid Life：Abortion and Buddhism in Japan* 中特别探讨了日本的水子信仰，认为胎儿是未形成的生命，不属于这个世界的肉身父母，因此父母可以通过仪式将胎儿送回其所在的世界，这也为堕胎提供了一个可能的依据，但是堕胎既可能给堕胎者也可能给水子带来厄运，地藏菩萨是小孩的守护神，保护夭折的胎儿和婴儿免受鬼神的侵扰，流产者通过供奉地藏菩萨能保护水子，减轻自己堕胎的心理负担。[②]

中国的佛教徒不少受到日本水子信仰的影响，在 QQ 群里经常能够看到有义工发关于地藏菩萨的一些教义和视频，提倡为夭折的胎儿诵经祈福。中国佛教徒更加普遍地认为，在胎儿出生之前去寺庙为胎儿诵经能改变胎儿的因缘。也就是说，胎儿和其母亲的四种因缘，即报恩、报怨、还债和讨债，可以通过寺庙的诵经超度改变。小青这样说道：

> 好多医学上检查出来这个小胎儿是不健康的，然后医生就会劝你把它做掉嘛，因为现在说要优生优育。但是这个妈妈可能也是信佛的，然后就是不能做掉不能放弃。然后呢，就来这。来这以后呢，就发愿我要读多少部经，我要放多少钱的生命，我……我为我孩子，为我自己来忏悔，来赎罪，希望我的孩子出生是个健康的宝宝。然后真的出生之后就是健康的宝宝，这是真实的案例而且很多。

据小青讲述，很多佛教徒孕妇通过诵经改变胎儿的"孽缘"使得本来

① Bardwell Smith，"Buddhism and Abortion in Contemporary Japan："Mizuko Kuyō'and the Confrontation"，*Japanese Journal of Religious Studies*，Vol. 15，No. 1，1988，p. 4.

② William R. LaFleur，*Liquid Life：Abortion and Buddhism in Japan*，Princeton，N. J：Princeton University Press，1992.

经医学检查有问题的胎儿出生后变得很健康。虽然小青叙述的科学性存疑，但是这无疑体现了佛教的因缘关系。诵经不仅能超度婴灵，还能改变胎儿与母亲的因缘关系。

第四节　保护生命的荣耀

　　与一般的未婚妈妈不同，信仰佛教的未婚妈妈对于自己的决定更加坚定，而且不会为此感到羞耻。也就是说，道德上佛教徒未婚妈妈因为信仰而内心更加从容，她们为自己保护弱小的生命而感到荣耀。

　　小青也曾纠结到底要不要保留孩子。在道场她为孩子不断诵经，而她也一直犹豫到底该怎么选择。她在地藏菩萨道场抽了三次签，三次签都是劝她留下这个胎儿，这样小概率事情的发生以及佛教教义对堕胎的反对使得小青决定把这个孩子生下来——即使她不会和其伴侣结婚。当然小青知道非婚生子对她来说意味着什么，但是她的佛教信仰使她不为自己的选择而后悔，正如她接下来所说的。

　　　　如果我把孩子做掉，现在来讲，在中国堕胎是一件太正常的事儿。如果我做掉孩子，相当于这篇儿翻过去了，我会有自己的美好人生。我就还和大姑娘一样，再去找，再去嫁。如果我的孩子出生了，我未婚妈妈，在中国特别特别受歧视。很多人都觉得我们不检点，其实没有，反正我是没有。①

　　小项也表达了自己留下孩子的荣耀——尽管家里人认为她的信仰是迷信，她依然选择生下这个孩子，她说道：

　　　　我说我留下这个孩子，和这个男人的感情没有关系，我完全是为了要留住这个生命，不想让它被我毁掉，因为人生是很难得的，它投胎做人，怎么说呢，是一个修行的机会，但是我断送了它的机会，那

---

① 来源于 2014 年 6 月 20 日对小青的电话采访。

对它对我都不好。而我们家人就认为我是迷信，我曾经跟我父母说过，我说你们要是质疑这些的话，现在网络上这些宣传都有，你们可以自己去看，如果你们觉得能够赞同理解我，那就不要反对我把这个孩子留下，可是我父母根本不愿意去了解……等于我怀孕那时候所有人反对我留下这个孩子，所以我也面临思想上的挣扎，不同的人跟我说不同的情况的时候，我都会去权衡一下，但最终还是抵不过自己的一个想法，把这个孩子生下来了。但是那时候因为怀孕嘛，不能上班，我本身收入就不高，不上班就等于没有收入了。

小青和小项的故事显示了在中国宗教——尤其是佛教如何成为未婚妈妈生育的道德基础。因此，宗教在中国实际上在女性生育选择上扮演了解放的角色——让女性在外部环境并不支持的条件下摆脱婚姻的束缚作出超常规的生育选择，并获得对于自我保护生命、"积德行善"的认同。

第五节 小结

Nie 指出，在中国，从古至今堕胎是道德上和社会上允许的。[1] 本章所出现的佛教徒未婚妈妈对于堕胎的否定态度在当今显得与众不同，成为生育僭越话语体系中重要的组成部分。从根本上说，佛教反对堕胎，而反对堕胎的理由有多种，未婚母亲在讲述自己的生育理由时也援引了不同的佛教教义。本书援引了两位佛教徒未婚母亲小青和小项的生育观念，她们的叙述典型地代表了中国佛教徒的生育观念，在本章笔者从她们的生命观、因果观以及保护生命的荣耀等多方面探讨佛教对于生命、堕胎等问题的看法。

从生命观来看，佛教徒将受精卵看成具有生命的个体，将怀孕看成小精灵的投胎，而堕胎则阻碍了小精灵投胎的宝贵机会；从因果观来看，堕胎会带来厄运，应该极力避免。对于所有的佛教徒未婚母亲来说，虽然未

---

① Jing-Bao Nie, *Behind the Silence：Chinese Voices on Abortion* （Asian Voices），Lanham, MD：Rowman & Littlefield Publishers，2005，p. 57.

婚先孕违反了佛教的部分教义,她们未婚生育的选择却尽显了她们保护生命的荣耀。小青和小项虽然在生育后遇到了种种困难,但她们依旧不后悔自己的选择,于她们自身来说,保留胎儿使其避免了堕胎所可能带来的不好后果;于胎儿来说,它们得到了宝贵的到人世投胎的机会。

当然,除了佛教之外,其他宗教,比如伊斯兰教和基督教也有可能成为未婚妈妈生育选择的信仰基础。由于笔者所接触的未婚妈妈很有限,田野期间并没有搜集到其他的宗教话语,但这并不意味着不存在其他支持生命的宗教话语。这些宗教生育话语,连同本章所叙述的佛教生育话语,共同构成了中国重要的僭越性生育话语体系。

第五章 情感：以"爱"之名

本章主要论述情感在单身生育者生育僭越选择中所起的作用。对于那些选择流产的女性来说，"漠不关心"（indifference）可能是她们感情的最好诠释。而本书中将要出现的这些将未婚胎儿保留的未婚妈妈，她们对胎儿和伴侣的依恋感情成为其选择的重要情感支撑，这一感情既有可能是生理性的，也有可能是关系性的。不过，情感能发挥积极作用，但在某种情况下也能够被利用而成为欺骗的工具，有不少女性是在被欺骗的情况下不得已沦为未婚妈妈。

20 世纪 70 年代，情感社会学逐渐产生和发展起来，其代表人物有霍克希尔（Albert Hirshman）、谢夫（Thomas Scheff）和特纳（Jonathan H. Turner）等。一般来说，情感社会学分为三个研究方向：一是探索情感的社会根源，也就是说社会学家不把情感看作纯粹的生理现象，而进一步去探索情感所可能受到的社会结构、文化等宏观因素的影响。二是情感的社会化。情感作为一种能力，是人们在社会化的过程中习得的，而这种能力根据个体所处的不同位置而呈现差异。三是情感的社会后果。有些情感会影响人们的行动，进而影响社会组织行为和团结。① 情感社会学家探究情感与社会的关系，认为人类情感的产生是复杂的。和动物不一样，人类的情感除了自然的生理情感之外，还存在社会化的情感，受到社会中不同层级权力的制约。情感社会学的兴起对于研究社会和情感的关系起了重要的作用，人们逐渐意识到情感并不是自然而然产生的、纯粹的，往往受到宏观环境和社会的影响。情感的产生、情感的样貌、情感的结果等都和社会有着不可分割的紧密联系。

社会情感学家特纳指出，人的情感受到微观、中观、宏观三个层级社

---

① 王鹏、侯钧生：《情感社会学：研究的现状与趋势》，《社会》2005 年第 4 期。

会现实的制约并由其作用而产生，其中微观层级指人类间的互动，中观层级指共同体、类别单位，宏观层级则指机构、分层系统以及整个社会系统。① 不仅如此，特纳还将人类的情感分为两个序列，第一序列的情感也称之为原始情感，包括快乐、害怕、愤怒、伤心；第二序列的情感则是更复杂的情感，包括羞耻、内疚、异化。羞耻、内疚和异化无助于社会团结，但是通过研究这些情感能够窥探社会的道德伦理。②

　　情感不仅和社会结构存在着千丝万缕的联系，它还在政治和法律中扮演很重要的角色。Nussbuam 的著作《政治情感：为什么爱对于正义来说重要》以及《从人性中逃避：嫌恶、羞耻和法律》分别探讨了爱以及嫌恶和羞耻在政治生活中所起的作用。她认为，社会秩序的维持往往要借助人类情感的建构和维护，也就是说，政府可能试图直接影响公民的心理，比如通过政治口号、歌曲、象征符号、公共教育等，也有可能设计不同的机构以展现或者培养公民获得有价值的值得称道的感情。③ 她将"爱"定义为"强烈地依附于我们意愿控制范围之外的事情"④，并认为爱对于社会正义的建立和维护是至关重要的。同时，她又认为嫌恶和羞耻很有可能被规范性歪曲，因此对于公共实践来说并不是可靠的情感，一个自由的社会应该有其理由保护其公民不被嫌恶和羞辱。正如她在《从人性中逃避：嫌恶、羞耻和法律》一书中所说的，"我所号召的，实际上，是我并不认为我们能完全达到的：那就是一个社会完全承认自身的人性，而不使我们逃避或者使其避开我们；那个社会的公民承认他们是有需求的脆弱的，并且摒弃庞大的对于全知全能的需求——而这一需求已经成为很多人类公共和私人领域悲剧的核心"⑤。

　　情感还能作为一种抗争的表现方式。James M. Japser 提出"反抗的情

① Jonathan H. Turner, *Human Emotions: A Sociological Theory*, Milton Park, Abingdon, Oxon; New York: Routledge, 2007, p. 67.

② Jonathan H. Turner, *Human Emotions: A Sociological Theory*, Milton Park, Abingdon, Oxon; New York: Routledge, 2007, pp. 7 – 10.

③ Martha Craven Nussbaum, *Political Emotions: Why Love Matters for Justice*, Cambridge: The Belknap Press of Harvard University Press, 2013, p. 20.

④ Martha Craven Nussbaum, *Political Emotions: Why Love Matters for Justice*, Cambridge: The Belknap Press of Harvard University Press, 2013, p. 15.

⑤ Martha Craven Nussbaum, *Hiding from Humanity: Disgust, Shame, and the Law*, Princeton, N. J: Princeton University Press, 2004, p. 17.

感"（emotion of protest）这一概念，认为社会抗争中人类的集体行动和感情是息息相关的，情感在反抗中的重要作用体现在发起行动动员和提供行动目标。[1] David Lemmings 所编辑的著作《情感和社会变革：历史和社会学视角》从不同角度探讨了不同的情感与社会变迁之间的关系。[2] 中国学者刘涛曾经探讨情感抗争中表演式抗争的情感框架和道德语法。[3]

情感社会学家关注情感和社会的关系，探讨情感所产生的社会根源、社会意义以及社会影响，并分析情感如何作用和影响社会的发展、变迁。对于未婚妈妈来说，情感在其僭越性选择中也发挥着重要的作用。

第一节　对胎儿的依恋

人类情感中的关系情感，比如不舍得和爱是未婚妈妈作出生育选择的重要道德基础。不舍得、依恋也可以看作爱的一种表现。有学者将浪漫之爱看作一个依恋的过程。[4] 在社会学领域，"依恋理论"由 John Bowlby 和 Mary Ainsworth 发展，通过援引行为学、控制系统理论以及精神分析学，探讨了母亲和婴儿之间的依恋模式。[5] 鲍比发现，婴儿和幼儿要精神健康，需要体验和其母亲（或者永久性母亲的替代人）温暖的、亲密的、持续的关系，在这种关系中母婴都会找到满足和快乐。[6]

母亲和孩子的联系在母亲怀孕的时候相当紧密，有很多未婚妈妈正是

---

[1] J. M. Jasper. "The Emotions of Protest: Affective and Reactive Emotions in and around Social Movements", *Sociological Forum*, Vol. 13, No. 3, 1998, pp. 397 – 424.

[2] David Lemmings, ed. , *Emotions and Social Change: Historical and Sociological Perspectives* (Routledge Studies in Social and Political Thought), New York, NY: Routledge, 2014.

[3] 刘涛：《情感抗争：表演式抗争的情感框架与道德语法》,《武汉大学学报》（人文科学版）2016 年第 5 期。

[4] Cindy Hazan and Phillip Shaver, "Romantic Love Conceptualized as an Attachment Process", *Journal of Personality and Social Psychology*, Vol. 52, No. 3, 1987, pp. 511 – 524, https://doi.org/10.1037/0022 – 3514.52.3.511.

[5] John Bowlby, "The Bowlby-Ainsworth Attachment Theory", *Behavioral and Brain Sciences*, Vol. 2, No. 4, 1979, pp. 637 – 638.

[6] Inge Bretherton, "The Origins of Attachment Theory: John Bowlby and Mary Ainsworth", *Developmental Psychology*, Vol. 28, No. 5, 1992, p. 761.

由于这种联系而选择生下孩子。依恋的感情虽然更多时候在胎儿出生之后产生在母亲和婴儿之间,但是在怀孕期间,很多女性也能够感受到对于胎儿的依恋,尤其在胎动的时候。胎动将母亲和胎儿之间勾连,让母亲的身体能够感受到胎儿的存在,并与自己融为一体。

婷儿出生于中国北方农村,她的伴侣出生于广东。本来他们是打算结婚的,但是他们的婚姻却遭到了伴侣父母的强烈反对,因为他们不接受外地媳妇。婷儿伴侣父母甚至还给她伴侣介绍对象,而更让婷儿生气的是,她伴侣居然还去赴约。最终婷儿提出了分手。不过分手几个月后,婷儿却发现自己怀孕了。笔者与她的对话能显示婷儿为什么会决定生下这个孩子。

> 笔者:你当时是怎么想的呢?
> 婷儿:我也没想那么多,孩子在肚子里面那么大了,也没舍得去拿了,就生下来咯。
> 笔者:有过想把孩子打掉的念头吗?
> 婷儿:肯定……刚开始的时候有,后来不知道怎么了,舍不得了,然后就……留下来了,就生了呗。①

婷儿用"舍不得"来描述她对于自己胎儿的主观情感,而正是这种"舍不得"促使她作出了超越社会规范的生育选择。"舍不得"在婷儿的语境里指她和胎儿之间的身体和情感的依恋,这种舍不得的情感由胎动而产生,因为胎动会提醒母亲胎儿已经是一个生命了,如果母亲这时选择流产便是杀害这一生命。

像婷儿一样因为感受到胎动而不舍得将孩子流掉的未婚母亲并不少见,比如欣欣,她在刚开始怀孕的时候就很强烈地感受到了这个生命的存在,所以不愿意选择流产。

> 可能每个人不一样,但是我个人就对孩子的认知是非常强的。我真的觉得它就是一个生命,它只是所处的位置不一样,而且很多人会觉得越处于早期的胎儿或者说越不能判断胎儿有没有生命的时候,他

---

① 2014 年 11 月 24 日对婷儿的电话采访。

们认为一个细胞不是一个值得去投入感情的生命，但我觉得不是的，我的第一感觉它就是我的孩子，没有什么，好像小，就是一个细胞而已，就是一个植物而已，我不觉得，以前也会有这种感觉，但是自己真的怀孕了，就完全是不一样的感觉，它就是我的孩子，而且处于那种越弱小你越要去保护它的这种感觉……我不信教的，我觉得我是客观主义者，但觉得这种感觉是很客观的，所以我觉得不仅仅是年龄的因素，因为你考虑年龄了，你怀不上了，就是说你年纪大了，如果这次打了以后就怀不上了，你其实是从自己的角度来看这个问题，并没有真正从胎儿的角度来看这个问题，孩子本身已经是个生命了，你说你不要它，坦白讲就是对一个生命的扼杀，而这个生命实际上是你的孩子，而且它在早期是最需要保护的，它跟你是血肉相连的，你要把它打掉，你还得承受同样的痛苦。①

很多国家都将胎儿是否具有生命体征作为合法和非法流产的分界线（Ferree，2002；Sheldon，1997）。比如，1967 年英国就规定怀孕 24 周前是流产的合适时间（*Article 1. 1*，1967）。美国也有很多州对于流产时间有明确的规定。在中国，虽然妇产科医生会建议怀孕的女性越早流产越好，但是流产政策还是相对宽松，晚期流产手术几乎在每个正规医院都可以施行。如果未婚妈妈是因为不舍得和爱而选择生下孩子，那么她们是有爱心的、负责任的和人道的，而并不是像社会所想象的道德败坏或者视财如命。在婷儿的情境中，对胎儿生命体征的感受成为她决定生下孩子的主要原因。婷儿是善良的、有爱心的、挽救了一个生命的母亲，不应该遭受社会谴责。

第二节　对伴侣的爱

除了对胎儿的不舍，对于伴侣的爱或者说不舍也是未婚妈妈选择生育的重要原因。梦儿曾经在中国的一所著名大学读书，是所有未婚妈妈里面

① 2019 年 12 月 24 日对欣欣的电话采访。

学历最高的。她不愿意接受电话采访,所以笔者对她的采访主要是通过QQ即时聊天。"我孩子的父亲是你的校友,这是为什么我接受你的采访",这是梦儿给笔者发的第一条信息,当梦儿继续讲述她的故事时,我发现她的决策过程充满了她对于伴侣的爱。在整个采访过程中,梦儿不止一次告诉笔者她有多么想念和爱她的伴侣。

> 梦儿:如果你深爱一个人就会明白。
> 笔者:嗯,能跟我说说你印象最深刻的你们过去的瞬间吗?
> 梦儿:太多了。
> 笔者:比如?
> 梦儿:和他在一起的每一分钟都深刻。哪怕是吵架,现在回忆起来都是幸福的。①

纳斯鲍姆(Nussbaum)认为,爱是一种很重要的政治情感,因此她极力提倡以爱来避免社会分裂,减少社会分层,促进社会正义(Nussbaum,2013)。在中国的生育政治中,爱还可以成为生育主体作出超越社会规范的生育选择的动力,培育受歧视群体的自我认同和自尊。像梦儿一样因为爱而将非婚生孩子生下来的例子并不少。在下一节笔者会详细论述桂花的经历,不过在谈到生育选择的问题上,桂花也强调了她和伴侣之间的浪漫关系,而且正是因为这种浪漫关系让她忽略了其伴侣的婚姻状况。

> 当初认识他的时候其实我没有想太多,也没有对他做什么背景调查,只是觉得挺谈得来,然后感觉他好像……总觉得他是像我爸爸那种笑容,这点让我很亲切,然后开始他给我感觉也是挺浪漫的……比如说他可以在中山大学的珠江边上,那么多人嘛,当众把我抱起来,然后他个头也高嘛,抱得动,因为我本身也挺高的嘛,他能抱在那打几十个转不喘气啊,哎呀当时觉得……这可能就是我心目中想要的那个人,初识的感觉是这样的嘛,所以对他我没有很深入了解,就很感性地喜欢就在一起了,就这样,初识的时候感觉是很不错。②

---

① 2015年1月24日对梦儿的QQ采访。
② 2014年11月19日对桂花的电话采访。

还有些女性则是基于对伴侣和胎儿的双重不舍而作出了生育僭越的选择。小燕不愿意接受笔者的电话访谈，她自己写了一篇自传日记发给笔者，其中她就提到和男朋友因为不舍得，一直没能分手。

> 由于我的一个朋友跟我妈说了我恋爱的事，当我妈知道他是一个外地人就非常反对，以至于后来我也没敢带他见家人。有段时间曾经想过要和他分手可又不舍得。就这样一起过了5年，5年里争吵非常少，也就那么几次，更多的是平淡……2011年的新年他回家过年，过年回来后他就决定辞职回他家那边工作，他说不想留在这个城市了，同时也不舍得我。

因为舍不得，小燕在伴侣不得已离开这个城市后依然和他保持着联系，甚至后来跑到他的家乡去找他，并意外怀孕。在得知怀孕以后，小燕伴侣的第一反应是要她打掉孩子，但是小燕舍不得，即使面对母亲的不支持，小燕还是决定将孩子生下来，谈到这个决定，小燕说道：

> 我妈说服了我去医院，那时候已经怀孕4个月，要做引产，医生要求回去出个证明才能做引产。最终我还是退缩了，我不想做引产，不想回家乡出证明，更不想把一个已经成形的胎儿打掉，那将是我一生的噩梦。于是我很坚决地跟我妈说我要生下来，我自己来养，那时候远没有想到养一个孩子是多么困难。我妈觉得我疯了，家里人都觉得我疯了。

小燕一方面舍不得伴侣，另一方面又"不想把一个已经成形的胎儿打掉"，因为那将是她一生的噩梦。像小燕这样基于双重不舍而生下孩子的未婚妈妈并不少，波波也是其中一个。在谈到生育选择时候，笔者和她曾有过这样的对话。

> 波波：吵也没有用，肚子都那么大了，你怎么舍得去做引产是不是？
>
> 笔者：那你怀孩子前期有没有想过把孩子打掉呢？
>
> 波波：他也不是很想要的。不过我说我不想打掉。他没有说要也

没有说不要，就那样，拖着拖着就生下来了。

笔者：你想要的主要原因是什么？

波波：就觉得毕竟我也爱他，然后也觉得如果不要，孩子的话也挺可怜的。

实际上，在未婚妈妈百度贴吧里，笔者经常看到有未婚妈妈发帖询问自己是否应该为了爱而生下非婚生子。"不舍得"和"爱"都属于人类积极的可贵的情感，也是关系性的情感，展现了一个人对另一方的关心和在乎，这两种情感都是道德的而且非经济的，也由于这些积极情感的支撑使得未婚妈妈的生育选择具有了道德性。

第三节　被欺骗的情感关系

在未婚妈妈群体中，被骗"育"的案例也不少。笔者所遇到的未婚妈妈中，有五分之一以上的人说自己被欺骗了，自己是感情的受害者。"欺骗感情又不违法"，这是某些欺骗未婚妈妈的人所秉持的观点。这些未婚妈妈在受孕前不知道其伴侣的婚姻状况或者其伴侣隐瞒了自己的婚姻状况，这些男性以"爱"之名，实际上是想达到自己别的目的，在某种程度上这些未婚妈妈也是受害者，是男权关系下的牺牲者。

由于中国具有强烈的传宗接代思想，男性通过隐瞒自己的婚姻状态而欺骗女性为其生子的情况并不稀奇，在未婚妈妈感情欺骗的案例中，这种情况也最多，其中笔者遇到了一位未婚妈妈灰灰，她的被骗经历是十分特别的，因为对方完全在表演自己的人生，他虚构了他的人生和家庭，最后不仅欺骗了灰灰的感情，还骗走了她多年的积蓄，而灰灰在生完孩子几个月之后才知道整件事情的真相。

灰灰是主动跟笔者联系的。笔者2019年年初在网络媒体上发表了两篇关于未婚妈妈的文章，灰灰看到其中一篇之后在留言区留下了自己的联系方式，由此笔者得以和她取得了联系。在未婚妈妈群体中，主动和笔者联系的并不多，灰灰算是一个比较特殊的，而她的经历在未婚妈妈群体里也显得比较特殊，她这样描述自己的经历。

我的事情比较特殊，在群里是非常特殊的一个事情，我先跟你讲一下。我是研究生毕业，毕业之后直接来上海。因为我的事情就是非常特殊，在群里大家都知道我的事，我16年的时候认识了一个男的，17年交往了一年，18年年初的时候怀孕的，18年1月份我查出来怀孕，然后我跟他讲了，他很真诚地跟我说结婚怎么样，后来我也就想，既然已经怀孕了，而且我是第一次怀孕，我没有其他想法，觉得既然怀孕了，然后觉得这个人也还行，那就结婚，但是实际上这个人从一开始交往到我怀孕，整个过程当中都在骗我，包括跟我交代的所有背景，包括我见的他的父母都是他找人扮演的，包括我父母过来，和他父母商量两个人的婚事的时候，也是他找人扮演的……整个过程都在骗我，包括我们两个商量在上海买房，我出了60万，这60万也被他骗走了。

　　灰灰的开场白就是简单总结她成为未婚妈妈的原因——被骗。她的伴侣从他们认识起就一直骗她，甚至还找人扮演自己的父母，戏剧性地演绎了自己的人生。为了骗钱而不引起灰灰的疑心，在得知灰灰怀孕之后，对方甚至显得十分开心，坚持说要把孩子生下来。灰灰接着详述了他们认识的过程。

　　我记得是16年年底的时候我刚跟他认识一个月，那个时候他跟我讲他刚来上海，我跟他认识的时候，他说他是江苏张家港人，他原本是在他们张家港做公务员，后来因为什么失恋就想来上海工作试一下。我认识他的时候就16年11月份，或12月初，具体日期我忘了是哪一天，就12月初。后来17年1月份的时候，他那个时候找我借了1500块钱，他说他们工资还没发，现在急着交房租，说钱不凑手，我就想着说嘛，反正大家都在外面，都可能不太容易就体谅了一下，借给他1500块钱，但是他一直没还，然后我觉得男女朋友关系我也就一直没有好意思提让他还嘛。一直到17年6月份，中间一直就维持男女朋友关系。因为我工作比较忙，就是说我不会私下去缠着他，找他各种事情什么的，可能两个人就是周末见个面，吃个饭聊一聊，平常的话就手机微信上沟通一下，然后一直到17年6月份的时候，我跟他关系可能就更进一步了，那个时候，他就跟我讲他自己的家庭成员之间的关系,他说他父母都是张家港的公务员,他家就他一个,而且他父母离异,他觉得他对于婚姻没有任何的期待,反正大致意思就是这样,他觉得他的家庭给他造成了这样一种影响。跟我讲的时候,反正那个过程总归来说感觉有点像在骗取同情,那个时候我的确对他有很大的同情心,他说父母离异,而且妈妈在外面也找了一个,爸爸又再婚了,整体听下来感觉他就是爹不疼娘不爱的这种小孩,让人觉得挺可怜的。我就跟我朋友描述,当然我朋友也没有见过他,我朋友就说天哪,给人一种缺少家庭关爱长大的感觉,就说让我应该多关心他。我觉得可能从17年6月份以后,这个事情就有点走向,觉得就已经进了他的圈套了。

灰灰接着讲如何因为同情一步又一步进入对方设的圈套。

17年7月份左右,他跟我说他在这个公司没有前途,他不想做了,他想创业,然后我就问他你创业做什么?他说在他们张家港当地办一个幼儿园,他觉得他父母都是公务员,在政府圈子里面非常有关系,如果他办幼儿园肯定能办下来。从这之后就开始一直跟我借钱,每次都是1万2万3万,最高不超过5万。基本上他从17年7月份开始,可能隔一两个月会跟我借一次。那个时候我没有特别细心地去看他借的规律,反正一直就是这样的,2万3万5万,少的话就1万,一直借到18年1月的时候,我就跟他商量,那个时候18年1月份的时候发现怀孕,我说我可能怀孕了,他表现得特别兴奋跟我一起去医院,医生就问我结婚了吗?我说我没有结婚,医生说你这小孩要不要?我当时就很犹豫,我不知道要不要,他就在旁边很兴奋地跟医生讲,要要要,为什么不要?当时我就觉得他可能还是一个有责任心的人,会负责的。我18年1月份怀孕,18年9月份孩子出生。他借钱从18年1月份一直借到18年10月份,每个月都会借,而且每个月两次到三次的频率,最多就是三次,然后少的话就是两次。

就这样,灰灰被这个人以各种理由骗走了多年积攒下来的六十多万元积蓄,这些理由也都是对方编造的。谈到借钱理由,灰灰这样说:

我那个时候可能就没有办法拒绝他借钱，刚开始他说他创办幼儿园，说手里面资金可能不够，因为他要去托关系，要请人家吃饭，然后要送礼，他说这个钱，他妈妈不给他，请客送礼没有必要，他觉得他妈妈什么老化，什么思想有点故步自封，讲得一套一套的，我觉得支持他一下也可以，因为17年到18年年初他借的次数并不多，我那个时候没有特别怀疑，其实大部分金额是从18年开始借的，那个时候我怀孕，因为他给你的那种感觉，就是说两个人肯定会结婚，肯定要在一起这种感觉，就让你对他的信任越来越加深了。当然从18年1月份到18年5月份，他借钱的借口都是说他创办幼儿园，资金这块不凑巧没有凑上，反正一直在找这种理由，都是以创办幼儿园为由。18年5月份的时候，我跟他约好去领证，领证的当天他没有来，隔了一天他到了，他跟我说她爸爸出车祸了，然后送到了什么南京的一个医院，南京的一个军区医院，在做手术，然后就说应该是脑部受到重创，要做开颅手术。从18年5月份住院到18年7月份都在住院，说18年7月份出院，然后18年8月份又住进医院说不行了，一直到18年的10月份，他说他爸爸去世了，从18年5月份一直到他爸爸去世，他借钱的借口一直是他爸爸在医院，他要给医生送红包，要给他爸爸交什么住院费，他父母离婚，他妈妈不愿意出这笔钱，还有就是说他爸爸又娶了一个年纪小一点的老婆，老婆过来的时候还带了一个小孩，这小孩不是他自己的，他父亲又娶的老婆，只贪图财产，反正就编一套一套的理由，让你特别信这些东西，当然我很怀疑。我那个时候挺个大肚子，18年5月份的时候，他跟我说这个事，我说要跟他一起去医院，他跟我讲了一套一套的，告诉我如果现在去医院，对我身体也不好，对小孩也不好，万一生病了，感染了怎么办，然后从我的立场设身处地为我着想，而且还给我爸爸打电话让我爸爸劝我不要去医院。

对方骗的手段还包括找人扮演自己的父母，以及伪造购房合同。讲到对方令人咋舌的欺骗手段，灰灰至今都觉得难以置信。

我去过张家港当地，当然我去的不是真实的他家，我去的家是他租的地方，当时见过的父母都是找人扮演的，包括到现在为止，我没有见过他真正意义上家里的任何一个人……真正的购房合同,其实我现在回忆根本都没有看到,那个时候他给我看的应该是购房定金的合同,因为中介也是假的,他跟我讲购房的房东在国外,我没有见房东,只见到了中介,先签一个购房定金的初步意向合同,然后他再跟房东联系,怎么着的。

最后灰灰通过法律手段,起诉对方经济诈骗,而得以将对方名下的一处房产冻结。但是对于灰灰来说,这段受骗的感情对她来说是刻骨铭心的,今后她可能很难去相信别人,也很难再投入一段感情了。而且她在不知情的情况下沦为了单身母亲。

灰灰受骗的故事比较特殊,未婚妈妈群体中最常见的被欺骗手段是对方隐瞒自己的婚姻状态,让未婚妈妈误以为其未婚而与之发生关系进而怀孕。怀孕之后有不少女性慢慢知道了对方已婚的事实,但是由于种种原因而没有流产,拖着拖着把孩子生了下来。

> 我们就是 2011 年的时候呢,在寺庙,一些寺庙不是庙会会有一些活动吗,我们呢,就是帮忙做义工的时候认识的。他也是我们广州这边的,本地的,而且也不是隔得很远。当时呢,我也不知道他是已婚的,因为他比我大差不多有八九岁吧,然后呢,他说他是因为前妻不能生育,所以他已经离婚了,然后交往的过程中呢,他的父母已经不在了。那时候我也见过他的一些亲戚,就是他那些姐姐啊,她们也没有告诉我。就是他们一家人一起隐瞒着我。[1]

丹一开始就讲述了她如何认识她伴侣,以及她伴侣和伴侣的亲戚是如何一起来欺骗她的。丹这样继续讲述她的故事。

> 我是做会计的,就是平时我也很少出去外面,就是去玩那些,我也不会哈,就是生活的圈子比较小,人也比较……没什么心机那种。想着他也是我们本地人,应该不会骗我,也见过他的家人,所以对他就比较相信。他的意思就是说,要怀孕了以后才结婚,因为像以前那

---

[1] 2014 年 11 月 11 日对丹的电话采访。

样子，他妻子又不能怀孕，因为他哥是公务员，只生了一个女儿就不能生了。他呢，父母走的时候唯一心愿呢，就是要有一个男孩，有一个孙子。所以就是他必须怀孕了之后才能结婚那种……那我也比较相信他啦，然后就怀孕了。怀孕之后呢，我就发现有点不对劲了。

如她伴侣所愿，丹很快怀孕了。但是让丹生气的是，她发现她的伴侣实际上已经结婚了且并没有离婚，但是丹还是决定留下这个孩子，其原因体现在丹下面的叙述话语中。

我发现他没有离婚呢，是在生之前，但是已经没办法了，因为小孩已经有了嘛，又不想去打掉，因为去拍片了，是个儿子来的。所以他们一家人也是哄啊，什么的，然后就对我很好。后面我发现他妻子的那个qq，我就发了一封邮件给她。我问他，他不承认嘛，我问他姐姐，我问孩子爸，都不承认嘛。就说我自己乱想啊，这个那个的，就说我胡思乱想什么的哦。然后我就给他妻子发了一个邮件，我问知不知道这些事情，然后她说她完全不知道。然后她就骂我啊，反正什么难听的话都说了。后面我就跑回自己家里面去了嘛，因为那时候要带小孩也没办法上班什么的，反正都是用自己的积蓄啦……因为我也不想破坏他家庭什么嘛，反正孩子，他想认的话，就必须给生活费啦。如果他不想认的话，我就自己养咯。

丹对于自己孩子是个"儿子"的强调，将儿子作为与对方家庭进行谈判和协商的筹码，由此可见虽然丹是受害者、受欺骗者，但是在这种关系中，女性也会发挥主体性，维护自己和孩子的正当权益。

灰灰和丹都是情感的被欺骗者，她们在怀孕前并不知道对方的婚姻状况，本以为自己可以像大多数未婚先孕女性一样走入婚姻，却没想到自己却不得不沦为未婚妈妈。在她们的经历里，情感被对方当作实现自身目的的工具——灰灰的伴侣实施了经济诈骗，而丹的伴侣实现了生育儿子的目的。从这个角度来看，灰灰和丹都是情感的受害者，不过她们在自己能力范围之内和对方进行了协商谈判，比如灰灰就对对方的经济诈骗行为诉诸法律，而丹则就儿子的生活费与对方进行协商。

第四节　小结

　　本章论述了人类情感中的不舍得和爱如何影响未婚妈妈,使其作出生育僭越的选择。这些积极的情感要素的存在使得未婚妈妈的生育选择具有了道德合理性。未婚妈妈因为爱和不舍得非婚生子,使得她们成为有爱心的、有道德责任感的妈妈,并不是一般人所认为的道德败坏的、破坏别人家庭的未婚妈妈。

　　情感可以发挥正面作用,也有可能被人利用。本章还展现了某些单身女性在不知情甚至被骗的情况下作出婚外生育选择,这些被骗女性是被操纵的被动者。由此可见,生育僭越并不都是主动作出的,有些还是在被操纵的情况下被动作出的。未婚妈妈群体中存在不少被骗生育者,一方面说明中国男权文化下,女性的子宫有可能被利用而达到男性传宗接代的目的;另一方面说明未婚妈妈群体中还存在着不少情感受害者,她们在不知情的情况下被动沦为未婚生育者。不过即使在受骗的情况下,未婚妈妈也有可能发挥自己的主体性,为自己和孩子争取利益。

　　总之,情感可以以不同的方式影响女性的生育选择。现有的生育权和生育选择的概念将理性的选择放在核心地位,而忽略了情感所可能起到的作用。本章的论述显示情感在生育僭越中不可避免地扮演重要的角色,因此在探讨生育权和生育选择的时候,需要考虑情感的因素。

第六章　女性生育身体的焦虑

未婚妈妈群体里还有一部分女性是自己十分希望成为母亲，她们对于母亲身份的向往甚至超过了对于婚姻的向往。某些曾经有过不孕不育的经历，这段经历使其孕育显得弥足珍贵，因此无论如何其都不愿意选择流产。某些则因为自己已经是"大龄剩女"，若目前不要小孩她们担心自己以后无法成为母亲。不管怎样，对于身体的焦虑和母性的追求成为这些女性选择未婚生育的共同原因。

早期社会学领域对身体的研究主要集中在对其物质性进行分析，近年来逐渐扩展到对社会身体、政治身体、消费身体、医学身体，以至于科技身体等的研究。身体不再被看作物质性的客体，而是由种种权力制约塑造而成的具有社会、文化、经济等多种性质的处于不断变化中的主客体。福柯的生命政治（biopolitics）理论是当代权力理论中的重要组成部分，他将生命和人口政治并列起来进行讨论。根据他的理论，生命政治是为了处理人口问题而产生的政治，而人口问题主要是"控制生命与人类生物过程的事件，并确保人类不是被规训（disciplined）而是被常规化（regularized）"[1]。身体规训与人口控制不同，其各自存在不同的系列，身体规训系列为身体—有机体—纪律—机构系列，人口控制系列为人口—生物过程—常规机制—国家，而医学作为知识技术可以应用到两个系列中，同时产生规训和常规化效应。

受到福柯的影响，近年来有学者探究身体在当代医学发展中受到的影响，分析医学身体与医疗机构、社会习俗、传统、民族文化、个体家庭、

---

[1]　Michel Foucault, *Society Must Be Defended*. the Penguin Group, 1997, p. 247.

市场等多重因素的关系。① 洛克等率先将身体理论引入医疗人类学,对研究健康、疾病、医药等问题产生了重要作用,她将身体看作医疗机构作用和实践的场所,同时又是人们反抗和践行实用主义的场所。②

社会身体研究的代表人物有皮埃尔·布迪厄、布莱恩·特纳等。布迪厄在关于社会实践的研究中将其与身体概念联系起来,指出身体至少发挥着以下的作用:记忆、学习阶级习惯和标志社会地位③。特纳则提出了"肉身社会"(somatic society)的概念④,指出身体在这样的社会里,既是压制也是反抗的场所,同时还是政治和文化活动作用的场所⑤。

随着科学技术的发展,有学者还将身体和新的科学技术结合起来进行研究。比如,哈拉维提出了"赛博"的概念,赛博指一个控制论的有机体、一个机器和有机体的混合,它是社会现实的创造物,也是科幻虚构的创造物,而赛博作为虚构和现实经验的结合也改变了人类的日常经验,并打破了人类与动物、人类动物有机体与机器、物理与非物理的界限⑥。伊德则从三个层面划分人的身体:身体1是在世的可动、可感知、有情绪的人类生物身体;身体2是社会和文化意义上的身体,因为不同社会的人们

① Peter Conrad, *The Medicalization of Society: On the Transformation of Human Conditions into Treatable Disorders*, Baltimore: Johns Hopkins University Press, 2007; Margaret Lock, "The Tempering of Medical Anthropology: Troubling Natural Categories", *Medical Anthropology Quarterly*, Vol. 15, No. 4, 2001, pp. 478 – 492; Margaret M. Lock and Patricia A. Kaufert, eds., *Pragmatic Women and Body Politics*, (Cambridge Studies in Medical Anthropology), Vol. 5, New York: Cambridge University Press, 1998; Nancy Scheper-Hughes and Margaret M. Lock, "The Mindful Body: A Prolegomenon to Future Work in Medical Anthropology", *Medical Anthropology Quarterly*, Vol. 1, No. 1, 1987, pp. 6 – 41; Bryan S. Turner, *Regulating Bodies: Essays in Medical Sociology*, London, England; New York, N. Y: Routledge, 1992.

② Margaret Lock, "The Tempering of Medical Anthropology: Troubling Natural Categories"; Margaret M. Lock and patricia A. Kaufert, eds., *Pragmatic Women and Body Politics*; Nancy Scheper-Hughes and Margaret M. Lock, "The Mindful Body: A Prolegomenon to Future Work in Medical Anthropology", *Medical Anthropology Quarterly*, Vol. 1, No. 1, 1987, pp. 6 – 41.

③ Pierre Bourdieu, *Distinction: A Social Critique of the Judgement of Taste*, Cambridge, Mass: Harvard University Press, 2000.

④ Bryan S. Turner, *The Body and Society: Explorations in Social Theory*, London, Sage Publications, 1996.

⑤ Turner, Bryan S, *Regulating Bodies: Essays in Medical Sociology*, London, England; New York, N. Y: Routledge, 1992, p. 12.

⑥ Haraway Donna Jeanne, *Simians, Cyborgs, and Women: The Reinvention of Nature*, New York: Routledge, 1991, p. 149.

对于身体部分的理解会有不同；身体 3 则是人类—科技身体，也就是说人类的身体经验形成往往要通过手工艺品或者说科技的使用来实现。比较而言身体 3 是未来人类发展的方向，因为随着科学技术的发展，身体不可避免地要和科技联系起来①。身体随着科技的介入，其主体性建构过程甚至打破了人、机器、动物等的界限。

总的说来，不同学者从不同的领域开拓了身体的研究视野，使得对于身体的理解不仅是物质性的，还具有社会、政治、经济、医疗、科技、美学等多维度的意义。实际上，身体理论不仅在社会学、人类学和哲学等领域得到了发展，在女权主义研究中也得到了极大的关注。不少女权主义学者关注女性特有的身体经验，比如月经初潮、母乳喂养、停经等；有性别理论学家则对性少数人群的身体经验进行考查。当然女性生育和抚育的身体经验也成为研究重点，对于女性生育身体的讨论往往和母性等概念联系在一起。

Evans，在她关于 1950 年代和 1970 年代中国妻子的档案研究中发现，虽然妻子在角色和位置等级中被给予新的身份地位，母亲身份/母性（motherhood）对于所有中国女性来说仍然是可求的身份②。与此相应，不孕不育的女性在中国也会遭受很多耻辱。Handwerker 在其关于中国未婚未育女性的研究中指出"现在中国的监控技术（包括人口调查，计划生育政策和收养实践）使不孕不育的女性被视为'不正常的'或者'异常的'"③。这些对于女性身体的规训也影响着中国女性的生育选择，母亲身份依然是多数女性所希望获得的。在婚姻无法获得的情况下，某些女性对于母性的向往甚至会超过对于婚姻的向往。余成普基于对使用辅助生殖技术女性患者的研究发现，希望和焦虑成为这些女性最明显的具身体验，这种希望和焦虑是社会文化情景和技术不确定对于女性身体的塑造，而女性

---

① Don Ihde, *Bodies in Technology*, Minneapolis：University of Minnesota Press, 2002.

② Harriet Evans, "Past, Perfect or Imperfect：Changing Images of the Ideal Wife", in *Chinese Femininities, Chinese Masculinities：A Reader*, eds. Susan Brownell and Jeffrey N. Wasserstrom, Berkeley：University of California Press, 2002, p. 348.

③ Lisa Handwerker, "The Consequences of Modernity for Childless Women in China：Medicalization and Resistance", In *Pragmatic Women and Body Politics*, eds. Margaret M. Lock and Patricia A. Kaufert, (Cambridge Studies in Medical Anthropology), New York：Cambridge University Press, 1998, p. 184.

在这些身体体验中也习得一些应对策略①。在与未婚妈妈的访谈中，笔者发现不孕不育经历、年龄增长或者有过流产经历都有可能加深女性对于生育身体的焦虑，并凸显其对于母性的向往，因此这些女性在"好不容易"怀孕之后会十分珍惜成为母亲的机会，即使这可能意味着她不得不未婚生育。

第一节　不孕不育身体焦虑

天空21岁的时候结了婚，两年之后由于无法忍受丈夫的家庭暴力，天空决定离婚。接下来的5年，天空与不同的人谈恋爱，非常想结婚和生小孩，但是她始终没法怀孕。到医院检查后，天空才知道自己的输卵管堵塞了。

> 我以前没有流产过，可能是因为我身体……一直不怎么好吧，然后我去妇科检查，医生说我输卵管堵塞，就是妇科病症嘛，就是说这样子比较难怀上孩子，注意的话也不一定能怀上，就是很难说的。那几年时间就是从我拍拖以后我就想要孩子嘛，然后一直到2012年春节以后，我才遇到宝爸的，我是07年离婚的，这几年时间我都有拍拖，换了几个男朋友，那几年其实我好想结婚的，好想要孩子。②

天空的叙述很长一段时间都集中在自己的妇科疾病上，为了怀孕，她一直在积极治疗，但是结果都不佳。

> 那时候刚工作也没什么钱，不敢跑到大医院去看，就自己去小诊所啊，打针啊，什么的，拿点药，可能就从那段时间开始，就是拖久了，这些炎症拖久了就造成那个输卵管堵塞了，之后的那几年时间

---

① 余成普、李宛霖、邓明芬：《希望与焦虑：辅助生殖技术中女性患者的具身体验研究》，《社会》2019年第4期。

② 2015年1月2日对天空的电话采访。

呢，我一直都有治疗，不过就是那种通水啊，什么之类的，医生说我
输卵管堵塞比较厉害哦，那个医院虽然是市里的医院，但是医疗也不
是很先进，治疗手段也是很普通的那种，就是用简单的疏通手术嘛，
然后帮我疏通，好痛，她把药水刚打进来在手术台上我就痛得快晕过
去了，然后医生看我这样就不敢打了，因为是那种打不了的嘛，就痛
得快晕过去了，然后医生就不敢继续了，就说你这种情况打不了，你
以后考虑去做试管婴儿吧。

　　在医院治疗了几年都不见效果，天空非常有挫败感，而且她一度怀疑
自己是否还能怀孕。天空的叙述中充满着对于成为母亲的向往，而这一向
往被自己的生育疾病进一步加深，她接着这样讲述着自己的故事。

　　反正那几年我都没有做避孕措施啊，没怀孩子。如果是男人的问
题的话，我也有换过男朋友嘛，都是怀不上，所以我就想可能是我的
问题，所以那几年我的心情都是很糟糕的，就觉得这辈子做不了妈
妈，然后我就……我还记得去参加别人的婚礼啊，看到别人怀孕生孩
子啊，我都想哭……然后那时候我家里人知道我这种情况嘛，好多外
人不知道，老是说你怎么年纪这么大了还不找人结婚怎么怎么的，老
是说我在玩嘛，说我不愿意结婚嘛，其实他们不知道我内心的痛苦。
我也有遇到很喜欢的人，当他说要跟我结婚，我就坦白可能我身体有
些问题短时间怀不了孩子，如果我们努力的话也有可能是会怀上的，
我就这样说了，只要他想清楚以后再娶我，这样的话就算我结婚以后
最起码我不是在欺骗他的情况下嫁给他的。我希望他能接受我，然后
一起努力嘛，看医生啊治疗什么的哦，然后那人一听我这样的情况，
怕自己压力太大，怕他的家人啊会给他压力，就怕我真的要不了孩
子，怕麻烦，后来就没成。

　　天空一直被不孕不育的问题所困扰，后来她遇到了松并且和他生活在
一起，可是有一天天空意外发现了松已经结婚的事实。

　　就是那天跟他在一起，他去冲凉了，然后他手机放那，来了一条
短信，我就拿起来看嘛，看就觉得……网名也没有写上去什么老婆那

些称谓的,就是很普通的百合之类的,一个女的哦。然后我看到她说有什么事情回家再说吧,说孩子挺好的。我就觉得奇怪,我说为什么那个女要对他说这种话呢,如果是没结婚的话,他的家人也不可能啊,就是说你看他姐啊之类的,不可能说这样的话是吧。然后我就进那个人的空间,那个女的空间是允许好友看的,我就借他 qq 看,上面好多小孩子照片啦,看着看着就看到他,就是宝爸跟那个孩子抱在一起的照片,宝爸出来之后我就拿手机问他,我说这个女人是谁,这个孩子是谁,他那时候不说话,这样看着我。他肯定没想到被我发现了,然后他就笑着说他孩子啊。我说这个女人呢,他说他老婆,那时候我就哭了嘛,就问他,我说你怎么这样子你有老婆孩子了还追我,我这样子跟你在一起是很不道德的嘛,因为你有老婆孩子了。如果我知道我是绝对不会答应他的追求的,因为我不是那种喜欢做别人小三的,就算我不结婚我也不能抢人家老公啊,是不是?然后呢他在那里求我原谅啊,说他跟他老婆一直都没有感情啊,那时候因为她怀孩子了,所以和她结婚什么的。

天空决定和他分手,可是就在这时候,她却发现自己已经怀孕了。天空便陷入两难境地:是流产还是生下孩子呢?天空说道:

> 如果是正常拍拖结婚,我怀上这个孩子我可能是……开心得要掉眼泪是吧?可是那时候我很难过,我就觉得这孩子肯定保不住了,因为宝爸那样……那时候我是这样想的,我知道怀上以后,就第一时间打电话给宝爸,我说我怀孕了,然后他说他养不起孩子,他已经有一个儿子了。我说那我怎么办,我不能打掉这个孩子,我这么多年才怀上孩子哦,然后我去找我那个妇科医生嘛,因为这么多年都是她给我看的,我就跟她说,我怀孕了,我说能不能打掉,然后她骂我,她说,你疯了啊,你这么多年花这么多钱治疗就是为了怀孕,怀上了你又要把它打掉?多少想做妈妈的都做不了,她这样骂我,她劝我不要打嘛,她说你这样的怀孕,不是宫外孕已经很走运了,那时候我就一下子不知道该怎么办了。我心很乱,然后我去了宝爸那里,再问他,我说能不能让我把孩子生下来,我说我真的不能打掉这个孩子。就算你不养,我也要把它养下来,因为我把这个孩子打掉了,医生说我真

的就没希望了。因为打掉孩子挺伤身体的嘛。像我身体本来就不好。宝爸那时候，怕我把孩子生下来，怕我拿孩子找他拿钱啊拿抚养费什么的嘛，他又是那种不务正业，没有稳定收入的人，他就怕有负担，坚决要我打掉，我不打，我就走了嘛。然后呢，回到家里，我就哭，好几个晚上我都睡不了……我天天在那里哭，不知道该怎么办。

最终天空鼓起勇气告诉了她母亲这件事，然而她母亲的第一反应也是让她打掉这个孩子。

妈妈她第一反应就是要我打掉，她在那里哭，她说你现在……他是有老婆的人，还没离婚，然后他不让你生，你也没钱生，因为我们那边很封建很看不起……不接受这种未婚生孩子的人，然后呢我妈就在那里哭……哭着骂我要我打掉，说她可以给我钱去打掉孩子，我打掉孩子她还照顾我，就是让我把身体恢复好什么的，她就是不能让我把孩子生下来。她说我一个女人，没结婚，孩子生下来，叫别人怎么说，我们母女怎么生活，我带着孩子又无法工作。

不过在她去医院的路上，她母亲却给她打电话让她回来，原来她母亲听从了天空堂哥堂嫂的劝说。

我的堂哥堂嫂就是知道我这个事情，就跟我妈说你不要让她把孩子打掉，他们说因为我是这种情况所以一直不敢嫁，不敢嫁给别人结婚啊，如果让我打了我不是一辈子都不敢嫁出去吗，说不定我把孩子生下来了，还能找个能接纳孩子的人家，我还能嫁出去，最起码人家不会歧视我，说我不是一个不会生孩子的女人嘛，对不对。就算我以后跟要结婚的男人生不了孩子的话，别人不会说我是不是？因为我已经生过孩子，别人怎么会说我呢，对不对。然后当时他们是这样劝我妈的。

最终，天空得以顺利将孩子生了下来，而且在那之后天空和一位离异的男士又组成了新的家庭。

第二节　大龄"剩女"的焦虑

如果说天空的身体焦虑主要来源于她的输卵管堵塞所导致的不孕不育经历，格子的身体焦虑则来源于她的"大龄"以及多年的不孕经历。"我认识他的时候也算是高龄剩女了，我们是在世纪佳缘认识的"①，这是格子给笔者说的第一句话，她用"高龄剩女"描述自己当时的状态，体现了她对于自己年龄的焦虑。因为不再想被称为"剩女"，格子非常明确地对对方说她就想找个人结婚，要不然他们没必要聊天更没必要见面。不幸的是，格子渐渐发现她的伴侣实际上已婚，甚至还有两个孩子。

> 见面之后我一直都很强调的，如果你不是说要找结婚对象的话就没有必要去聊，更不需要见面，然后也跟他说过我这个年龄肯定是要找结婚的要正正当当结婚的。聊了三四个月他说要见面，我也说了要看他的身份证，看了以后我记住了他的身份证号码，并在公安局查过，他确实未婚，那里没有案底我才交往的。然后到他姐姐家里才睡在一块，结果在他姐姐家里待了十来天，一回来就发现自己怀孕了，而在此之前，我不是说我没怀过，我至少十二年没有怀过，然后你想三十多岁了，本来要个孩子不容易，我肯定就是铁定了，我决定要生下来，而且我怀孕之后是很开心很高兴的，一直到怀孕三个月，有一个女人突然跑来跟我说是他老婆，然后还有两个孩子，是两个女儿，还冷嘲热讽的，不是说不好意思告诉我，而是那种冷嘲热讽地告诉我，这个我就很生气了，但是当时我的想法就是孩子我要，至于你们怎么样我不想去扯。

和天空一样，格子也有不孕不育的经历，在这次怀孕之前，她19岁怀过一次孕，打掉之后"至少12年没有怀过"。格子本来不确定自己是否还能怀孕，她只希望能够有一段可靠的情感和婚姻。

---

① 2014年11月26日对格子的电话采访。

我其实能不能怀我自己都不知道，我原来也有谈过，然后没有怀孕，也有怀疑这方面的问题。我只是告诉他，我现在要找结婚对象，我的目的也确实是这样，我要找一个人结婚，真正过日子的。我去了他姐家以后才谈到这个问题，因为他见了面之后好像很认真要娶我的样子，每天都电话短信啊什么的，然后包括……他那时候按理说离我家也挺远，经常来，也很舍得给我买东西啊什么的，包括对我身边的朋友也都很大方、很舍得，就是完全很认真的样子，每个人都觉得他很认真，所以我就提出要去他姐家以后我才能确定，我不是说去他姐家，我说我想认识你身边的人，你身边的亲戚朋友家人，然后他首先带我去他姐家的。

　　因为大龄而且有过一段不孕的经历，在知道自己怀孕之后，格子十分坚定地想要孩子，

　　（19 岁的时候）我们也都不懂，也就顺着我说要去打掉，之后就一直没有怀过，所以这一次怀上了本来也很期待很想要，都这么大年龄了，这也是一方面，32 岁，确实年龄大，我怀我的崽都 32 岁，我想可能换作很多人也不会去打了吧……

　　因此格子对于对方隐瞒自己的婚姻身份显得十分淡定，在知道自己无法结婚的情况下，她依然十分坚定地要这个孩子。

　　这个男的又没有正式工作，也就是在外面打下工啊，这样子。就是说做点小生意咯，还要我赔钱给她，我说我肯定不干咯。我说我不想跟他们蹚这个浑水，小孩我自己要，你们可以不要，反正给我一定的赔偿就可以了，不想跟他们纠缠，我觉得他们那里的人人品素质都非常恶劣。因为到了这个份上，这是一种责任，我把这个孩子生下来了，我不过就是被人骗了嘛，就当我蠢吧，孩子我是生下来了，我就要。

　　可气的是格子伴侣的妻子知道这件事之后，还敲诈她，不过格子一直都比较坚定。

其实都是他们在闹，我可能很多时候就是一个旁观者，因为我，你看我这个年龄了，我自己做生意出来的，别的不说，但至少有一点我的心态很稳。你们玩你们的，我不干。我只看着就好。

格子在这段经历后，不相信婚姻了，她说道：

其实我个人对结不结婚这种包括对以后啊，感情上面我觉得碰到合适的就结婚，碰不到我还真觉得没必要，反正孩子已经有了，感情有多可靠没人知道。但是孩子的话怎么选择都是无怨无悔的，而男人随时都在变，也许经过这件事情以后对结婚我不抱太大的奢求。

格子知道自己独自带孩子会很难，但是自己选择的路再怎么难也要继续走下去。

我这个人随遇而安，也没有刻意想过怎么样，反正结婚与不结婚……我是不会再嫁。毕竟自己做了这么久生意，对于经济上面我没有太大的担忧，但是还是担忧啦，因为我只能过得很普通很平凡，还是会很艰辛，养个孩子本来就够难的，如果还要面对罚款问题的话，那肯定很难，还有包括孩子以后的教育啊各方面肯定是很难的，所以说未婚妈妈我相信有更多可能上网都很困难的，那些才真的是最弱最弱的，没有一点自我保护能力没有独立能力，更没有反抗能力。

和天空一样，格子对于自己的生育身体一直比较焦虑，这种焦虑被自己的"大龄"进一步加深。本来对于自己怀孕是满怀欣喜的，因为她对于母性的向往终于可以实现了，可是没想到对方已经有了家庭甚至有两个孩子。如果说天空还对自己是否要这个孩子有过疑虑，长期做生意、有主见的格子从来没有想过把孩子流掉，就像她说的，"就当我蠢吧，孩子我是生下来了，我就要"。对生育身体的焦虑既来源于疾病和年龄的增长，也来源于过往流产的经历，下面桂花的案例就体现了这一点。

第三节 流产的过往

桂花是笔者遇到的未婚妈妈里比较健谈的，作为一名跨国公司的财务总监，她的经济实力在未婚妈妈群体里属于上层。在遇到现在的伴侣之前，她在香港待了很长一段时间，被一位老板包养，后来那位老板还娶了她，由于老板坚持不要孩子，在这段感情坚持了十年之后她毅然选择了离开，她这样讲述她的那段感情经历。

> 这个家就是没有经济压力，就是很安全，你根本不需要考虑，你只要说一声……因为那个家的人很多，家里经济条件很好，我只要和那个家婆说一声，我只要说什么东西好吃啊，桌子上就有了，第二天桌子上肯定有你想吃的东西。反正他们家请了一个工人嘛，还有工人在那里做事，那个家里面就是没有让你操心的。我从来也没觉得自己缺钱。当时就是因为不生小孩我就离家了。他现在还劝我回去。他也觉得我孩子气嘛，认为我身在福中不知福呢。我当时也觉得那种日子很厌烦了，十年了，觉得自己没有朋友，也没有圈子，只有他们那个家庭。然后什么都不用动脑筋，不用成熟，你想要什么就有什么，就这样。也没意思嘛。①

桂花为了要孩子，偷偷将自己的避孕环取掉，怀了孕。前夫知道后坚持不要这个孩子，桂花最后也只能听从他而选择流产。但是这件事情让桂花伤透了心，她也意识到如果继续和他在一起，她可能一辈子都不会有小孩了。随着自己年龄慢慢增长，她终于下定决心走出这段婚姻，桂花这样说道：

> 他不愿意要那个孩子嘛，所以就流产，我很怨恨他，不高兴嘛。从流产完以后我对前夫就有看法了，对他的家庭就有看法了。如果不

① 2014 年 11 月 19 日对桂花的电话采访。

是因为这件事，可能我……不过那时候年轻也不知道要孩子，所以无所谓了，后来随着年龄慢慢增长就觉得挺没意思的，想生个小孩。然后我悄悄把环取了，有了孩子他也不要嘛。因为这个事，我就很生气，就离家了，大概这样……他给了我婚姻，但是他不想要我生小孩。因为他有了一个小孩了嘛，他又觉得自己年龄大了嘛，他希望……他说生了小孩身体会变形啦，怎么怎么啦，当时一听这个话，我的感觉就很差了，我说你不喜欢我，我愿意做的事情你不做嘛。你不要小孩，就要人家的身体嘛。觉得那不是爱嘛。

之后桂花遇到了现在的伴侣，刚开始他们是非常浪漫的，对方是某律所的律师，长相英俊，哄她逗她开心，让她心动不已，后来桂花怀孕了，不过她逐渐意识到对方是已婚的，还有孩子。由于长期以来桂花都希望要一个孩子，尽管伴侣是已婚，桂花还是很高兴，希望能够把孩子生下来，而且她觉得自己一个人也可以带好孩子。

反正认识了感觉他挺不错的，我们就在一起了。然后就有孩子嘛……他就问我想不想要这个孩子，我就说如果户口能上就要呗，然后他说那恐怕你得自己养啊，他说你得自己抚养啊，我说应该没问题吧，就这样啦，把孩子生了。反正我经济上比较独立吧，依赖自己啦，户口是他帮我上的，就是后面闹的过程当中感觉到……之前我也没想那么多，我觉得因为喜欢嘛，就生呗，然后有了也觉得那是条小生命嘛，也不想……因为他的情况，他本身就有个家庭嘛，也不可能给我们什么。他的经济能力不是太好，在经济上我比他还强一些，所以就这样啦。我的情况跟很多人不一样，有的可能是男人有某种需求啊，然后经济上的一些愿意跟不愿意嘛。我们是属于感情上的事啦，就这样。我也很喜欢小孩嘛，我也没想过……我觉得自己行，当时就没有想太多，总觉得有能力抚养孩子，所以就这样咯。

桂花作为一个国际公司的财务总监，在深圳过着非常优越的生活，通过投资她也积累了很多财富。因此，即使她的伴侣说他不能为抚养小孩提供经济上的支持，她也觉得无所谓。自身的经济实力让桂花选择生下非婚子。根据桂花的讲述，陆陆续续地她甚至借给她伴侣100万元来还他的债务，还给了他老婆 10 万元——因为他说只要给他老婆 10 万元，他老婆就会答应离婚。可是在他老婆拿到 10 万元之后又出尔反尔，最后他并没有离婚，她伴侣甚至搬回了他老婆的家。逐渐地，桂花变得心灰意冷、失望至极，而她对她伴侣的爱也逐渐消磨。可是她的身份在法律上并不受保护，即使她诉诸法律，她伴侣还有可能因为重婚罪而被判刑——她于心不忍，因此桂花借给她伴侣的钱一直没能收回。

> 现在这事情闹起来呢，他也不知道……其实他也没有正当工作，后来我才知道的。你说他是律师，能力很强，但是他又没有律师执业证，我才知道，其实说真的也就是个高素质的无业游民，没有职业，我就觉得。我也帮他找工作，或者他想创业啦，我又投资了一些钱啦，就说想跟他做垫方嘛，结果他又把公司的钱拿去炒股，我都晕了真的，那次我就哭了，我说你再这样子真是没完没了，然后真的……我才想结束这件事情嘛，但是现在这种结束也挺痛苦啊，付出代价很大，一百万，我所有的积蓄完了，然后呢，他现在是债务累累。

除了财产上的损失，桂花还整天遭到其伴侣老婆的人身攻击，精神上承受着很大的压力。

> 我当初那一年多得多痛苦啊，他都不知道的，天天被那个女人骂，在感情上其实我们也很痛苦，法律上不保护我们，这种事我们也没法说，然后呢，我给钱是帮助他的，他还我钱为什么要我去法院起诉呢，我觉得不应该，他们就应该还给我嘛，错的是她男人对吗，我有错吗？我的错误仅仅是相信了她的男人，她这样没来由地骂我……她骂我是小三，我又不是小三，我也没有去勾引她老公啦，花她老公的钱，我又没有，对吗，某种程度上讲呢，我也是受害者，但是这个怎么说呢，反正我也说不明白，她天天骂我。

桂花所具有的雄厚的经济实力可能在未婚妈妈群体里属于比较特殊的，她被她伴侣骗了近一百万元让她的案例比较不同寻常，但是因为被迫流产而对上段感情充满失望。对生育身体产生焦虑的女性并不少见。桂花认为如果长期处于上一段关系中可能永远也不会有自己的孩子，因此毅然决然地结束了那一段关系。新的一段关系让她有了孩子，却没有办法得到婚姻。

第四节　小结

天空、格子和桂花的故事共同说明了在未婚妈妈群体里有一部分是基于对生育身体的焦虑以及对母亲身份的向往而选择未婚生育。DiQuinzio 曾经在《母性的不可能：女权主义、个体，以及母职的问题》一书中提出了本质主义母职（essential motherhood），她认为，根据本质主义母职，"母职成为女性本质性的特征功能，是女性的生物生育功能或者促进人类进化的发展"，本质主义母职也就意味着"所有女性想要或者应该是母亲，而这很明显地意味着那些并不显示母职特质的女性，或者拒绝母职的人是反常的、有缺陷的女性"①。本质主义母职建构了成为母亲的荣耀，以及不孕不育女性的焦虑。天空、格子和桂花的故事也可以让我们看出她们如何受到本质主义母职的影响，并由此产生对自己身体和年龄的焦虑。

天空曾经有过多年不孕不育的经历，她的输卵管堵塞导致她怀孕概率大大降低，即使她接受过几年的治疗，身体经受住了各种医疗的疼痛，医生最后也说她可能要考虑做试管婴儿才能怀孕。然而，天空的意外怀孕让她惊喜又难过，惊喜的是她终于自然怀孕了，而难过的是小孩的爸爸是有家室的人。对于天空的意外怀孕，她的妈妈一开始持反对态度，但是在其堂兄堂嫂的劝说下，最后选择让天空把小孩生下来，而堂兄堂嫂劝说的理由也基于一定的本质主义母职倾向，在他们看来，女性不生孩子有可能一辈子都嫁不出去，而生了孩子还有可能嫁出去。

格子也有长达 12 年不孕的经历，而且她的话语将她描述成"大龄剩女"，可见她对于自己年龄和身体的焦虑。和天空一样，格子也是在怀孕之后才知道对方有家室的，但是格子自己非常有主见，她一直在强调自己想要这个孩子，至于对方及其家庭如何闹，她只旁观不参与。而桂花则由

---

① Patrice DiQuinzio, *The Impossibility of Motherhood*: *Feminism*, *Individualism*, *and the Problem of Mothering*, New York: Routledge, 1999.

于被迫流产而对上一段感情开始失望，并选择放弃，重新开始新一段感情。在没有婚姻有孩子和没有孩子有婚姻的选择中，她选择了前者。

　　在天空、格子和桂花看来，成为母亲是女性所渴望所欲求的，而这种渴望和欲求在她们有过不孕不育或者被迫流产经历后显得更加急迫，在婚姻不能达到的情况下，生育是一个女人更为必要的社会功能。由此看来，除了宗教、情感之外，对于生育身体的焦虑和母性的向往也是促使女性作出生育僭越选择的重要原因之一。

第七章 未婚妈妈的日常生活

前几章着重论述了中国女性选择未婚生育僭越的原因，本章将重心放在女性生育僭越后的母职生活。对于过去的未婚妈妈来说，选择生育僭越首先意味着其会面临政策上的社会抚养费的征收以及孩子的落户问题；其次她们将面临社会的歧视；再次，和普通的母亲一样，她们需要平衡工作和育儿，但是因缺乏男性参与育儿，其在平衡工作和育儿上会遇到更多的问题。

笔者发现，不同的家庭在给孩子上户口上有不同的策略，有些会和伴侣短暂结婚，有些会和当地的计划生育官员进行协商，还有些在期盼着国家宏观政策的改变。而面对社会歧视，更多的未婚妈妈选择的是隐瞒自己的身份，或者逃避自己熟悉的圈子。在育儿方面，经济和稳定的工作对于单身女性抚养孩子至关重要。企事业单位的单身母亲明显比农民工或者无固定工作的单身母亲生存状态要好得多，经济状况直接影响着单身女性照顾子女的能力，不过由于家庭缺乏男性照顾者，即使经济状况好一点的未婚妈妈，在平衡育儿和工作方面也会遇到种种困难。

第一节 给孩子落户

对于过去的未婚妈妈来说，给孩子落户是他们遇到的第一大难题。不同省份对于未婚生育有不同的政策，而在执行层面，不同省份不同地区面对不同的未婚生育个体时所采取的具体措施也有可能不同。鉴于此，为了给孩子上户口，各个家庭实施的应对策略也有所不同。

有一部分家庭通过和地方官员打通关系，花钱给孩子成功办理了户口。比如波波孩子的户口就是通过她爸爸花钱托人才得以办成。

> 笔者：现在孩子的出生证办了吗？
> 波波：户口入户了。
> 笔者：在哪入的？
> 波波：入的她爸的户口本。
> 笔者：怎么能上到他的户口上面呢？
> 波波：我也不知道他怎么搞的。
> ……
> 波波：孩子他爸花钱托人搞的。应该是这样，他也没去搞，就是把出生证那些寄回家，然后花钱托人搞了吧。

至于具体要多少钱，妈妈们都不太明确，但是有些人表示由于要打通关系，最后所花的钱往往要多于具体规定的社会抚养费数额，比如丹就这样说道：

> 你知道中国的制度，它公布的其实是不用罚那么多的，只是罚五六万元，有一些呢，因为我们这边村子里面本地的那个妇女主任啊，是新换届的。跟她不是很熟。人情关系不好咯，所以她就可以随意罚你多少多少。她反正就说你这个是违法的呀，是要罚这么多的，这样子咯，但是据我了解的话，按正规渠道的话，是不用罚那么多咯。未婚生育，像我儿子出生证上面也只写了我一个人的名字嘛，应该按我们这边的人均收入是一万多，如果按三倍到四倍来罚的话，那也只是罚几万嘛。因为我们这里呢，要找村干部签名，妇女主任又要写证明，然后多出来的钱，就是我也不知道，说得难听一点就是他们私底下分了咯。只能这样说，真正入账的，就是不用这么多。只是他们不肯帮你签名盖章，那就没办法入了，只能是这样子……又要找村主任签名，又要写证明，这个很难入的，三十万啦。我就说，但是公布没有那么多的哦，公布那个不准的，还要村里面罚呢。这个那个呢，就这样子咯。

如此高的罚款数额让丹望而却步，她想将孩子的户口上到外地亲戚家，也在等待着国家政策的改变。

> 户口到现在还没上呢。之前呢想上个外地的，但是呢我又怕在外地挂到别人户口本上嘛，如果我有什么事的话，户口以后都迁不回来。因为到本地来的话，我们这里的话呢，就要说罚三十万，我哪有那么多钱罚啊，我就先不管它了。等到人口普查的时候看什么情况咯。

钟小姐则表示在她所在的地区，她和她伴侣都要被罚高额的社会抚养费孩子才能落户。这笔费用对于已破产的伴侣以及待业的她来说是无法承担的经济压力。

> 孩子没有准生证，到现在还没有上户口，计生那边备案了，要罚我七八万，他要罚十几万，两人加起来要二十多万吧。计生说了，尽管罚我款了，也不能上户口，必须两个人的款全部结清才能报，他是没办法承担这个罚款的，所以我孩子的户口估计没什么希望了，孩子快三岁了，马上上幼儿园，以后读书都成大问题。

还有些未婚妈妈寄希望与对方结婚，通过先办理结婚证，给孩子上完户口以后再离婚的方式给孩子上户口，比如格子就因为要给孩子上户口，而不想与男方的关系闹僵。据她说，在她们那里，不是罚款的问题，而是没有结婚证，根本就不给办理户口。

> 格子：主要是孩子上户口的问题，说白了，如果不是因为孩子上户口的问题，我一点都不介意和他闹僵，也不介意不理他。上户口的话，我们这里如果没有结婚证，像我们这个小城镇，是肯定上不了户口的。
>
> 笔者：是不是要交罚款啊？
>
> 格子：罚款也是一方面，就是说没有结婚证，无法上。并不只是罚款的问题。罚了也没法上。不知道上哪里可以，没地方上。
>
> ……
>
> 格子：不是说我想上哪，肯定是在我名下，但是在我名下，我得

有结婚证。以前我可能对于他结不结婚我真不介意，因为我也不想跟他结婚，我觉得他们一家人太没教养，他连自己也养不活，但是现在可能看在孩子的分上，最近的话我也提过，我说不管怎么样，应该给孩子上户口，他说那上到他们家，我说那是不可能的，你可以跟我打结婚证，把户口上了，我一刻都不会耽搁，绝对马上离婚。

2016 年中国出台了《关于解决无户口人员登记户口问题的意见》，该意见规定"政策外生育、非婚生育的无户口人员，本人或者其监护人可以向该助产机构申领《出生医学证明》"，"无户口人员或者其监护人凭《出生医学证明》和父母一方的居民户口簿、结婚证或者非婚生育说明，申请办理常住户口登记"，这些规定解决了不少非婚生子落户的问题。小燕也提到 2016 年户口政策的转变让她顺利给孩子在老家上了户口。

2016 年，孩子 3 岁，那时户口政策变了，户口跟计生不再挂钩，直到 2017 年，决定把孩子户口先上好，上户口过程也非常简单顺利，没有罚款，户口上到我老家那边。

此外 2016 年以后未婚生育的阿妹也表示自己在没有罚款的情况下就给孩子顺利办理了户口。

因为我名下有房子，然后直接跟着我上就行了。要不然也不好弄。因为当时我想这会很麻烦，因为我在网上查了说要罚款嘛。我还给人家派出所打个电话，我说要给新生儿上户口都需要啥？我说没结婚，人家说没结婚我好像没有什么可拿的，说那不用拿啥，拿着我的户口本身份证来就行了。

不过，也有些单身女性在得知这个政策以后依然不愿意带孩子上户口，因为一旦落户，她们就无法继续逃避社会抚养费，户籍资料本身会成为"需要缴纳社会抚养费"的证据之一。[1]

---

[1]　单身女性生育权关注组编著：《女性生育要自由：中国"单身"女性生育权现状及法律政策调查报告》，第 13 页。

中国未婚妈妈在生育僭越后都会遇到一个共同难题——给孩子上户口。从未婚妈妈的叙述中可见，大家实施了不同的应对策略，比如花钱打通地方关系、缴纳社会抚养费、和伴侣短暂办理结婚证、将户口上到别的省份的亲戚家、等待国家宏观政策的改变等。2016 年中国户口政策的改变给诸多非婚生子落户带来了便利，随着国家对于非婚子女落户的重视，尤其是 2021 年对社会抚养费的废除，到 2024 年几乎所有地方的未婚妈妈都可以毫无困难地给自己的孩子落户了。

第二节　摆脱社会歧视

羞耻感不像其他情感——比如愧疚、快乐和某个特殊的行为联系，它是对人的身份本身的道德审判[1]。关于羞耻感在社会中所扮演的角色，学界也有不同的观点。有些学者认为，羞耻感具有积极的作用，能够维护社会平等，因为它能防止人僭越社会道德规范[2]。Manion 在其对于性别、羞耻和道德能动性的考察中，就指出"社会条件塑造了男性气质和女性气质，并影响了社会中对于好的或者有羞耻的女性的认知，但是这一塑造标准可能会侵蚀甚至降低女性的道德能动性"[3]。这也就意味着羞耻在某些情况下维系着男权道德、观念和规范，不利于性别平等和女权主义的发展。

在中国，未婚生育所带来的羞耻正好是性别化的（gendered）。中国的

---

① Jon Elster, *Alchemies of the Mind：Rationality and the Emotions*, Cambridge, U. K. ；New York：Cambridge University Press, 1999；Erving Goffman, *Stigma：Notes on the Management of Spoiled Identity*, Harmondsworth：Penguin Books, 1968；Sally R. Munt, *Queer Attachments：The Cultural Politics of Shame*, Aldershot, England；Burlington, VT：Ashgate, 2008；Gabriele Taylor, *Pride, Shame, and Guilt：Emotions of Self-Assessment*, Oxford［Oxfordshire］：New York：Clarendon Press；Oxford University Press, 1985.

② Gabriele Taylor, "Shame, Integrity and Self-Respect", In *Dignity, Character, and Self-Respect*, ed . Robin S. Dillon, New York：Routledge, 1995；Gabriele Taylor, *Pride, Shame, and Guilt：Emotions of Self–Assessment*；Jennifer C. Manion, "Girls Blush, Sometimes：Gender, Moral Agency, and the Problem of Shame", *Hypatia*, Vol. 18, No. 3, 2003, pp. 21–41；Martha Craven Nussbaum, *Hiding from Humanity：Disgust, Shame, and the Law*, Princeton, N. J：Princeton University Press, 2004.

③ Jennifer C. Manion, "Girls Blush, Sometimes：Gender, Moral Agency, and the Problem of Shame", *Hypatia*, Vol. 18, No. 3, 2003, p. 22.

法律、道德和语言共同塑造了未婚妈妈而非未婚爸爸的羞耻感。首先，本土语言充满着对于未婚妈妈的贬损语词，比如二奶、小三等，而对于未婚爸爸却没有与之相应的贬损词汇。"小三"和"二奶"语词本身就具有道德上的审判，因此这一指称本身是极度污名化的，同时这两个语词又是性别化的，因为它们只指代和污名化女性。实际上未婚生育不仅仅在中国会受到歧视，在儒家文化影响的其他国家比如日本和韩国也会受到歧视。在日本和韩国，虽然该国的法律政策对待未婚妈妈和已婚妈妈都是均等的，但是选择婚外生育的女性比例依旧比较低。有研究发现，2005 年日本只有2% 的小孩是非婚生[1]。根据韩国健康与福利部门的数据，只有 4% 的婚外生育会保留下来，其他的都是被流掉，而被保留下来的孩子中，有 75% 的会被其他人所收养。[2]

　　笔者所访谈的未婚妈妈，绝大多数不生活在自己的出生地，一方面她们通过移居在大城市里获得更好的就业机会，另一方面移居也是她们摆脱熟人圈歧视的重要方式。一般说来，与已婚者生育的未婚妈妈会比与未婚者生育的未婚妈妈遭受更多的社会歧视。不过不管是与已婚者还是与未婚者生育的未婚妈妈，她们都会有自己面对社会歧视的方式。

　　对于如何摆脱社会歧视，未婚妈妈中有些甚至会对自己的父母都采取隐瞒自己婚姻状态的策略。小冰很漂亮，笔者见她的那天她化了淡妆，她带着她的保姆和孩子一起过来。根据她的叙述，她住在北京朝阳区她伴侣为她租的两室一厅的房子里，这个保姆也是她伴侣为她请的专门照顾她小孩的。和她伴侣在一起的时候小冰就知道他是有家室的人，当时她没想着长期和他在一起，可是有一天她突然发现自己怀孕了。她说，她伴侣属于十分负责的人，在她怀孕的时候她就确信如果她选择生下孩子，她伴侣一定会对孩子负责，因此才决定生下这个孩子，而后来的事实也证明她的预测是对的。每周她伴侣会在她这里住两三天，其余的时间要么出差，要么回家和妻子住一起。小冰很长时间没工作了，经济上完全依赖她的伴侣。小冰说即使找一个没结婚的人过，可能生活状况也差不多，更何况要找个和她伴侣经济实力相当的人对她来说并不容易。表面上看小冰过着很光鲜

[1]　Rosanna Hertz, *Single by Chance, Mothers by Choice: How Women Are Choosing Parenthood without Marriage and Creating the New American Family*, New York: Oxford University Press, 2006, p. 2.

[2]　Website of Korean Unwed Mothers' Families Association, http://kumfa. or. kr/? ckattempt = 1, accessed by 03/08/17.

的生活，不用工作，几乎没有经济压力，带娃也有保姆帮助，可实际上，由于社会对"二奶"的歧视，如今她几乎没有朋友，没有工作的她很难有社交圈，甚至对家人她都谎称自己已经结了婚，并在网上买"假结婚证"欺骗家人，对于家人她也无法说出真心话。在家睡觉、看剧或者兴趣来了出去逛逛街，这是她每天生活的真实写照，用无聊而迷茫来形容她再合适不过了。

欺骗家人说自己已经结婚的并不止小冰一人，和已婚伴侣生了孩子的桂花也同样如此。

> 当时他跟我一起回老家了，因为我老家在其他地方，我是来广州20 年了，在广东这边工作的嘛，然后我生小孩的时候他跟我一起回我老家，因为我没有父亲嘛，去世比较早，跟我妈跟我大哥说，我们结婚了，怎么怎么地，孩子回老家生啊，因为老家坐月子不一样嘛，然后我妈也挺开心的，很高兴的。我家里到现在都不知道，都以为我现在跟他有婚姻啦，他也带我去拍结婚照啊，还去旅游啊，都带我去过。

未婚妈妈群体里隐瞒自己婚姻状态的不仅限于那些与已婚者生育的未婚妈妈，还有些与未婚伴侣生育的未婚妈妈也同样作出了这样的选择。阿妹的伴侣是未婚，他们因为家里人反对、性格不合等种种原因没能结婚，但是阿妹还是对单位的同事隐瞒了自己未婚的事实。

> 单位人都以为我结婚了。因为当时我婚纱照啥都拍了，然后大家也知道我拍婚纱照什么的，婚期也定了，都以为我结过了，我也没明说这个事情。他们怎么以为就怎么以为嘛，免得说三道四，到时候就说离婚了。

被未婚伴侣"抛弃"的婷儿也尽量向同事隐瞒自己的身份，因为她不愿意让人瞧不起。

> 笔者：有同事知道你的事情吗？
> 婷儿：都不说啊，说出来感觉就……就被人家瞧不起啦。

笔者：为什么会瞧不起啊？

婷儿：自己感觉吧，只是没勇气说而已，都不愿意让人家知道吧，不是什么好事情。

笔者：其实也没什么的啊？

婷儿：很多人都接受不了啊，因为身边就没有这样的群体，我们刚过来这边就是有很多未婚妈妈偶尔聚在一起啊，大家都有宝宝就好沟通一点嘛，但是跟一个完全没有这样经历的人讲，人家也不能理解是吧。

除了隐瞒自己的身份之外，未婚妈妈还会通过逃避的方式来避免和熟人圈打交道。天空不敢告诉父母自己的状况，而怀孕期间为了不被人发现，天空不得不隐藏起来，就连日常生活中她都害怕会遇到熟人。谈到这段经历，天空满是心酸。

都是我一个人买菜啊做饭啊，每天都是自己过的，然后因为在那个市里面，我有亲戚，也认识好多人，我走出门很可能会碰到熟人，因为我肚子还不明显的时候我都碰到熟人了。当时我好怕，我不敢上街也不敢随便乱跑啊，我怕被别人看到了，去我家里跟我哥说，那样的话我就穿帮了，我只能待在房间里啊，有时候会去图书馆啊，借点书看什么的，就是这样度过了那段日子。

笔者所遇到的未婚妈妈，面对社会歧视，很多都是采取逃避和隐瞒的方式，仅有少部分女性，笔者在第八章将谈到，她们会在微博等公众场合分享自己的故事，对自己单身生育并不觉得羞耻，反而充满了骄傲。纳斯鲍姆曾经指出，她所期待的是："一个社会承认自身的人性，让其不再隐藏，同时承认社会的公民是有需求的、脆弱的，要抛弃那种宏大的对于全知全能的需求。"① 什么时候中国的未婚妈妈能像本书开头的凯西那样在家大肆庆祝自己的单身生育，才是她们真正摆脱社会歧视的开始。

---

① Martha Craven Nussbaum, *Hiding from Humanity: Disgust, Shame, and the Law*, Princeton, N. J: Princeton University Press, 2004, p. 17.

第三节　平衡育儿和工作

唯物主义女权主义者 Petchesky 曾经从历史唯物主义角度定义"生育自由"。她指出，唯物主义女权主义者认为，控制女性生育条件是历史的物质的，实现生育自由的前提也需要超越并瓦解现存的影响生育的不公平的社会条件①。当然，现存的影响生育的社会条件多种多样，其中最重要的条件之一便是经济条件。无数经验事实表明，经济条件的不平等会造成生育选择的不平等，生育自由在经济无法实现平等的前提下便是一纸空文。

有学者在对中国中产阶级的二孩妈妈的研究中发现，生育二孩对职业女性的影响很大，女性所经历的职业变化可以分为四种类型：事业上升型、事业中断—上升型、事业中断型和事业停滞型，那些事业上升型的二孩母亲几乎得到了父母很大的育儿支持，相比较而言，生育二孩对男性职业的影响相对较小，这与生育主体为女性有关，也与中国性别化的育儿方式息息相关。② 生育二孩对女性工作的影响如此之大，对于几乎没有男性伴侣参与育儿的单身女性来说，生育对其工作的影响更是不可小觑。

对于怎样划分阶层，社会学界有不同的说法。自韦伯以来，有三个测量人们社会地位的向度，财富或经济地位、权力或政治地位、社会声望地位。③ 有学者指出，社会阶层应该按资源的获得作为标准，而资源包括经济资源、政治资源、文化资源、社会资源、声望资源、公民资源和人类资源。④ 还有学者则认为，单纯按资源获得和拥有作为划分阶层的标准是不合理的，比如新结构主义学者就指出，必须充分认识到社会结构的作用，比如二元经济、市场分割等，才能真正理解社会分层的内在逻辑；也就是

---

① Rosalind Pollack Petchesky, "Reproductive Freedom: Beyond 'A Woman's Right to Choose'", *Signs*, Vol. 5, No. 4, 1980.
② Yang Shen and Lai Jiang, "Labor Market Outcomes of Professional Women with Two Children after the One‐Child Policy in China", *Journal of Social Issues*, No. 3, July 2020.
③ 李强：《农民工与中国社会分层》，社会科学文献出版社 2012 年版，第 3 页。
④ 转引自李春玲《断裂与碎片：当代中国社会阶层分化实证分析》，社会科学文献出版社 2005 年版，第 4—5 页。

说，要改变阶层的分化和不合理，最根本的是进行结构性变革。①

　　笔者所接触的未婚母亲，全职母亲占大多数，16 位中有 7 位没有工作，5 位从事比较低端的没有社会保障的工作，仅有 4 位在正规企业或者单位工作。这一职业构成比在未婚母亲中具有一定的代表性。就未婚妈妈群体来说，农民工、无业者、手工业者，以及城市里在外企或者公司上班的职员工作流动性稍微大一些，他们受到工作单位的束缚稍微小一些。相比之下，事业单位或者国家机关的工作人员受到工作单位的束缚更大，一旦他们触犯国家的法规或者条例，来自单位的压力会很大，而事业单位、公务员的工作由于其稳定性和保障性，很多人都不愿意失去，因此这些单位很少有违反计划生育条例的，这也是为什么在企事业单位工作的未婚妈妈会比较少。根据北京市的一项基于 2100 个单亲母亲的调查，单亲母亲的职业分布集中在职业结构的中低层，其中，下岗、家庭主妇、失业人员、无收入人员占比为 33.2%；而国企工作人员、技术人员等的占比仅仅为 7.5%。②

　　在笔者的访谈中，有一些外出在城市打工的女性，有一些独自抚养孩子而没有稳定工作或者没有积蓄的女性，她们是单身母亲中经济边缘化的群体。在城市打工的单身母亲从事着工作时间长而低薪的工作，孩子不得不放在农村老家由父母来抚育而沦为留守儿童。那些独自抚养孩子而没有稳定工作也没有积蓄的单身母亲更是过着有上顿没有下顿的生活。这些未婚妈妈中，幸运点的经济上能够得到伴侣或者父母的帮扶，但是不是所有人都能得到伴侣经济上的扶持，有些是不愿意帮扶而狠心将她们抛弃，有些是自身条件就不好也没有经济能力再去给予她们过多的经济帮助，有些父母则对女儿不听他们的劝告而未婚生子十分愤怒并决定不再理睬她们。

　　肖索未曾经这样描述成为二奶的打工妹："她们对时尚消费并不那么感兴趣，也不那么强调男人爱她就应该养她；她们男伴的经济条件并不足以改变她们的命运。在访谈中，她们常描述自己在没有计划、没有预期的情况下进入与已婚男人的亲密关系，她们在这段关系中也常常处于难以名

① 石秀印、许叶萍：《多重博弈下的阶层分化与弱势阶层的抗争》，《江苏社会科学》2005 第 6 期，第 11 页。
② 李玲：《单亲母亲家庭若干问题的研究与思考》，《江汉论坛》2008 年第 12 期。

状、矛盾纠结的情绪中。"① 笔者所接触的有些未婚妈妈在描述自己为什么选择未婚生育的时候，也同样经常处于一种"难以名状、矛盾纠结的情绪中"，"没有计划、没有预期"。

很多打工者在怀孕后期由于无法再从事工作而不得不辞职沦为无业者，孩子出生后到上幼儿园之前为了照顾孩子她们大多在家待业，这使得原本就贫困的她们更贫困。部分未婚妈妈等到孩子能够上幼儿园之后才又去城市打工，而打工工作存在工作时间长、工资低的问题，她们把积蓄的一部分给父母来照看孩子，一部分支撑自己在城市的开支，能存下来的少之又少，每天工作还很辛苦。因此，打工妹未婚妈妈不仅在生育选择上更多处于被动状态，在照料子女方面也更加被动。

婷儿的故事笔者曾经在第五章简要叙述过，婷儿伴侣父母对她出生农村不满而反对他们结婚，她不舍得流产而成为未婚妈妈。她本来在城市 A 工作，怀孕大概五个月的时候辞职回自己家乡待产，到小孩断奶了之后她又去另外一个城市工作，用她的话说，"工作辛苦，业绩压力大，基本工资只有几百元，不够人吃饭的"。如果加上业绩工资，一个月最多的时候有四千元。孩子的父亲每个月会打生活费，一个月一千多元，刚刚够孩子的生活，如果要请人来照顾孩子显然这是不够的，于是她不得不把孩子放在老家留给自己父母照顾。为了方便和孩子视频，她没有住公司的宿舍，而是和闺蜜在外面租房子。每个月能存下来的钱并不多，可是如果不工作的话，她基本没有生活来源。她想着，"就算不生孩子也同样要赚钱"，即使工作很辛苦心里也释然了。

婷儿在电话里显得非常消极，好几次说着说着就哭了。"哎，其实每个人的遭遇都是差不多的啦，每个未婚妈妈都差不多，都是被抛弃的咯，"婷儿这样描述她所了解的未婚妈妈群体。她本来以为怀孕之后她男友会回心转意，哪里能想到他居然那么听他父母的话，甚至开始和别人相亲，后来还和别人结了婚。"被抛弃"是她对自己状况的总结。

婷儿是低落而沮丧的，她的选择不能说是主动也不能说是被动，而是她浑浑噩噩得过且过拖延后的结果，对于目前的状况来说，她也只能走一步看一步。对于未来再婚，她也没有太多的期待，"反正我就觉得我不会

---

① 肖索未：《欲望与尊严：转型期中国的阶层、性别与亲密关系》，社会科学文献出版社 2018 年版，第 82 页。

再去接受了，不管是什么样的人，我都觉得没必要了"。她最大的希望就是赚更多的钱，能把孩子带在身边。正如她说的，"不过现在一个人也挺好的啊，至少无牵无挂的，只是多赚钱给宝宝就好，以后有能力把她带在身边就更好了"。

婷儿的故事很典型地代表了打工妹未婚妈妈的生活状态和对生活的态度。她们有种深深的无力感，既有自己没办法把孩子带在身边照顾的无力，又有没办法给孩子更好的生活条件的无力。尽管如此，她们还得积极乐观地生活，工作，要不然她们待在农村可能连自己都没法养活，因为很多年轻的农民都丧失了务农的能力。低收入未婚妈妈有些像婷儿一样去城市继续找寻工作，有些则在老家寻找愿意和她们组建新家庭的人，以此得到经济上的帮助，比如下面的小燕。

和婷儿一样，小燕和伴侣也因为伴侣父母的反对，以及伴侣的放弃而最终没法在一起。小燕甚至不愿意接受笔者的电话访谈，而将她的故事以自传的方式发给了笔者。小燕本来在一家网吧工作，怀孕后期，她不得不辞掉工作回家待产，这也就意味着她失去了经济保障。孩子出生之后，为了抚育孩子，她更加难以找到能平衡育儿的工作。

> 因为我是未婚生育，所以也没有什么医疗报销，还好是顺产，孩子也健康所以花的钱不算多，大概3000。可是孩子这一出生就要面临新的困难，经济上的，户口上的，单亲教育上的等。怀孕的时候还在工作有稳定的收入，但孩子出生后就无法出去工作了，我妈有她自己的事情做没有时间整天帮我带孩子。刚开始的那一两年我还能撑得了，那时候还有点积蓄，可金钱只出没进积蓄很快要花完。然后每个月的房租、吃饭、孩子的奶粉、尿不湿等都是一笔大的花费。要不是平日里我妈经常给我买菜过来，日子更难过。后来我弟给我找了份网络兼职做，做网络推广，这样才不至于连房租都交不起。我就这样边带着孩子边用电脑工作。[①]

做网络推广做了一段时间，由于工资低，她想找个更好的工作但一直没找到。

---

① 小燕2019年发给我的自传。

2017年4月份让孩子上了幼儿园,那时孩子刚好4岁。孩子上了幼儿园后经济压力更大了,原来做的网络推广工作量也越来越小了,多年没出去工作加上没工作经验没高学历,想到外面找个适合的工作,能有时间照顾小孩的,可一直没找到。

后来她的家人想让她结婚,找一个经济上能帮助她的人,于是在家人的介绍下她再婚了。在谈到这份感情的时候,小燕更多的是看中这份感情能够带给她的物质保障,而不是感情本身。

2017年8月份通过别人介绍相亲认识了现在的老公,到2018年2月份结婚。我们相识时间短,了解不多,没有爱情,急着结婚也是因为双方家长的催促,而自己也是因为想给孩子要一个城市户口好上小学,同样需要一个在经济上能帮助到我的人。他是再婚,40岁,在市区里有房子,而且从事教育工作。原以为结婚后可以慢慢培养感情,结婚后却发现对方有性格缺陷,没有共同语言,价值观不一致,最主要的是对我孩子也不怎么样。2018年的暑假因为孩子的事情闹过矛盾,曾经想过离婚,我可以为了孩子结婚同样也可以为了孩子离婚。但最终还是没走到离婚这一步,经过调解,双方都做出了让步,我自己也尝试着去改变,他在这一年里性格上也变好了很多,跟孩子相处得也还行。现在日子还算过得平静,不吵不闹就这样平平淡淡的,至少是不愁吃不愁穿,不再担心每个月孩子的学费、房租够不够。孩子终于可以生活在一个健全的家庭里,有爷爷奶奶,有爸爸妈妈,户口也迁到城里来了,也收到了小学的录取通知,今年9月份就要上小学一年级。这些都是我想要的,至于我情感方面已经不重要了,我早就不需要爱情了。

这段婚姻虽然不尽如人意,小燕至少从以前担心基本的吃住问题到现在的"至少是不愁吃不愁穿,不再担心每个月孩子的学费、房租够不够",这对于生育后一直没能找到稳定工作的小燕来说已经算是不错的生活了。

为了维持基本生存,本小节中的婷儿重新去城里开始打工生活,而小燕则选择通过再婚获得另一半的资助来改善自己的生活状况。在笔者访谈时,小燕在家做家庭主妇,她的另一半虽没有大富大贵,倒也能够让她安心在家带孩子,她依然省吃俭用,尽力减少另一半的经济压力。由此可见,再就业和再婚是未婚母亲试图摆脱贫困的重要方式,但是并不是所有的未婚母亲都能找到工作或者找到合适的再婚人,依然有很大一部分未婚妈妈挣扎在贫困线上,为日常生活、房租、小孩教育等发愁。

如果说农民工未婚妈妈常常处于一种被动或者混沌状态,经济条件稍微好一点的未婚妈妈则在生育和抚育上有更多的主动性。随着社会不断发展,女性就业率的提高,中国新时代有很多女性即使不靠伴侣也照样可以承担照顾孩子的经济责任。经济的独立给予女性更多的选择自由——包括生育选择自由。和低阶层未婚妈妈相比,中等阶层女性经济上能够承担独自抚养孩子的经济责任,但是在平衡工作与育儿方面她们依然显得捉襟见肘。

国内由于缺乏托育机构,在孩子上幼儿园之前,很多家庭都不得不依靠父母或者住家保姆来照顾幼儿。有学者研究中国家庭里作为照料主体的祖父母,发现他们可能会出现"生活重心围绕孙辈""缺乏社交网络和社会活动""身体劳累""全职代育父母"等问题。[①] 由于国内缺乏 0—3 岁的托育机构,对于朝九晚五的工薪阶层、缺乏伴侣参与育儿的单亲母亲不得不依靠父母来育儿。这些单身母亲要么选择把孩子送到老家让父母带,要么选择把父母接到自己身边帮自己带,要么选择请保姆来带,后两个选择会大大增加她们的抚育成本,也并不是所有单亲工薪阶层能够负担得起。

阿妹是笔者所访谈的单身母亲中唯一在国企工作的,而她伴侣也是唯一一个公务员。像所有未婚夫妻一样,他们本来打算结婚的。在阿妹怀孕之后,他们都准备预订酒店办婚礼了,结果在筹备婚礼的时候阿妹家人和她伴侣发生了一些不愉快,导致他们的婚礼最终没能进行下去。之后他们为了生还是不生孩子有过争吵,在阿妹怀孕 7 个月的时候,她伴侣补偿了她十万块钱要她去引产,可是引产要开证明,再加上随着月份渐渐增加,阿妹对身体里的孩子产生了感情,不愿意去做引产。没想到的是,在小孩出生之后,她伴侣居然起诉了她,要求明确抚养权。幸运的是,阿妹的妈妈理解并支持阿妹的决定,在阿妹生完孩子重新走上工作岗位之后一直帮

---

① Esther C. L. Goh, "Grandparents as Childcare Providers: An in-Depth Analysis of the Case of Xiamen, China", *Journal of Aging Studies*, Vol. 23, No. 1, January 2009, pp. 60 – 68.

助她抚育孩子，因此阿妹的工作并没有受到太大的影响。阿妹因为有妈妈的帮助，再加上她在国企的工作并不太忙、工作比较稳定，所以单身生育并没有对她的工作造成困扰。阿妹经济上比较富足，她自己名下还有一套房一辆车，在城里过着比较自在而舒适的生活，因此，即使有了孩子，在经济上她也不会太困难。

有些中等阶层的单身母亲就不像阿妹这样幸运了，她们由于生育经历了事业中断，而等孩子大了想再去找工作时发现很难找到适合的工作。钟小姐本来在她伴侣开的公司上班，每个月有着稳定的工资，但是她的已婚伴侣认为钟小姐怀孕生孩子就是为了诈骗他，从怀孕到钟小姐生完孩子对她们一直不闻不问，甚至在钟小姐怀孕 5 个月的时候让她打掉孩子。谈到这段经历，钟小姐很伤心。

> 快 5 个月的时候叫我打掉，叫我抽羊水验 DNA。我那时已经 34 岁高龄了，担心会影响以后生育，受不了他叫我抽羊水验 DNA 的屈辱，所以我选择生下来再逼他去验 DNA，他一开始不敢去，后来跟他打了官司，抚养费每个月 2000 元，分 6 年支付，这两年一直没按时给，只是一时给一点。从怀孕到孩子出生以来，他从来没有主动来看过，不闻不问。

由于经营不善，该公司最后还破产倒闭了，于是钟小姐失去了工作也没有了经济来源。处于待业状态的钟小姐发现高龄的自己难以找到新的稳定的工作。在笔者对她进行访谈时，钟小姐这样说道：

> 现在我又失业了，这些天一直在网上投简历，38 岁的年纪，找回以前那种文职类的工作，没有特别的技术之长，不容易找到。

还有一些经济条件稍微好一点的未婚妈妈会雇保姆来照顾自己的孩子，但是未婚妈妈有可能会和住家保姆发生矛盾：比如桂花就遇到了住家保姆借钱、偷盗的问题。生下孩子之后，为了重回职场，桂花不得不请了住家保姆来帮助自己育儿，并不是所有住家保姆都信得过，她从赶集网上请了一个住家阿姨，刚开始觉得还不错，可是后来没想到居然会发生各种矛盾。

我觉得那个女人可以啊，她做事也挺清楚的，然后我又很容易同情的，她跟我说她是离婚女人，一个人在这里，孩子大了在哪里读书，我觉得做事也挺好，我想反正我也单身，就等于我没有把她当外人了，我想大家就一块过了，是这样想的嘛。然后我也需要人带孩子嘛。她也会做饭，会收拾房间，我也觉得蛮满意的，所以她跟我借钱我都借了。结果借了钱，拿了一个月工资，偷了东西又是一个赌博鬼，就是炒六合彩，哇，天天还叫我去炒，后来我看不行，就赶快把她炒了，炒了她还把我家东西偷了，弄了我四万多，这种人肯定也不是坏人，但是她赌博，可能缺钱，就变成……然后我们又比较……偷了还说没拿，后来还来找我，说我借她的钱她会还我啊，等她找到工作她就还，结果她永远也没有还我。

谈到这个住家保姆的所作所为，桂花也很无奈：

开始嘛，她跟我借钱我也借给她了，她工资先借了，借了一万多给她，然后一个月不到，刚刚工资给她开完，第二个月又来跟我借钱，我说你不是刚借了，然后她又说她还了高利贷，我看了怎么是个炒六合彩的，一个女人炒六合彩，所以我就把她炒了，炒了第二天晚上悄悄从我家走的，我才想起来去看一下，因为家里的东西从来我不锁的嘛，因为我待人就比较真诚，我觉得好像不真诚老防着人家人家会难受，因为我很希望人家信任我嘛，我也觉得请了人家应该信任人家，所以我家里东西基本没锁的，我的首饰盒都没有锁，结果她把我房间的首饰全部都偷了……偷光光了。然后我去派出所报案啊，派出所就把她拘留了八个小时嘛，然后说没有证据，不能立案，证据要我去找的嘛。你没有证据，就只能自己认了。就不立案了，这不也是纵容了犯罪嘛。我也不知道。

阿妹、钟小姐、小冰和桂花代表了单身母亲的不同育儿方式，阿妹依靠自己的母亲、钟小姐依靠自己，而桂花则主要依靠保姆。相比较而言，她们受教育程度高一些，工作更加稳定，经济水平也高一点，但是她们中有些也可能因为育儿或者其他原因而丢掉工作，相比于阿妹和桂花，经历了事业中断的钟小姐显然更加消极，认为生活充满了不确定性，就像她所说的 38 岁的她要重新找工作不是那么容易的事。而依靠保姆照料孩子的桂花遇到了保姆借钱、偷盗等问题。因此，平衡工作和育儿是所有单身母亲要面临的共同难题。

第四节　小结

本章从三个方面探讨了未婚妈妈生育僭越后所面临的困难：包括给孩子落户、面对社会的歧视，以及如何平衡工作和育儿。

为了给孩子落户，未婚妈妈使用了不同的策略，比如花钱打通地方关系、和伴侣短暂办理结婚手续、等待国家宏观政策的转变等。面对社会歧视，未婚妈妈则更多选择逃避和隐瞒自己的真实身份，不仅向同事隐瞒自己的未婚状态，有些甚至对自己的家人也采取隐瞒的态度。

由于缺乏男性参与育儿，未婚妈妈在平衡工作和育儿中会遇到更多的困难。经济水平的不同使得中国单亲女性照料孩子的方式呈现出阶层化的特点。本书中的女性为了提升自己的经济水平，有些选择外出打工而将自己的孩子交给父母照顾，有些选择通过再婚来改变自己的境况，还有些则通过雇佣育儿嫂来分担照料孩子的责任。不过那些外出打工的会存在工作时间长而工资低、社会福利缺乏的问题，再婚的有遇到再婚婚姻并不太幸福的问题，雇佣育儿嫂的则有可能遇到与育儿嫂发生矛盾和争端的问题。这些都是单身母亲在平衡工作和育儿中可能会遇到的难题。不管怎么样，未婚妈妈都努力去克服这些困难，并且在工作和育儿中找到最适合自己的平衡点。

第八章　承认与团结:未婚妈妈在行动

　　女权主义者从 1960 年代就为了团结和姐妹情谊而奋斗。① 虽然身份政治和后现代碎片化思想的发展使得团结变得愈发困难,但女权主义者依然没有放弃这一目标。② 笔者在本章将展现在公共领域出现的有影响力的未婚生育个体和机构,其对于改变社会认知、建立社群支持发挥着更为重要的作用,有利于促进未婚妈妈拥有更多可言说和可行为的空间。

　　未婚妈妈作为隐蔽的群体,再加上中国对于社会团体的管理比较严格,因此,能为这一群体服务的社会团体并不多,未婚妈妈在社会上得到的支持也很有限。2018 年当笔者再次开始做田野的时候,发现有不少女性主动选择单身生育,而在公共空间里,"生育津贴"案件、"单身女性冻卵"案件的出现也使公众对于单身女性生育权问题的讨论越来越多。个体未婚妈妈在现实生活中实践行动主义,让社会上更多的人了解未婚妈妈这个群体。而机构的行动主义则让更多的未婚母亲获得了群体性认同感,得到了社会的帮助和关爱。社会团体和网络团体在改变社会观念、建立群体联系网络,以及提供心理、政策和法律咨询方面发挥着积极作用;网络社交媒体正成为跨地域和国家推动交流的工具。③ 本章将分别探讨个体、机构以及网络在推动建立未婚妈妈友好文化和社会氛围中所起的重要作用。

---

① Diane Balser, *Sisterhood & Solidarity: Feminism and Labor in Modern Times*, Boston, MA: South End Press, 1987.

② Jodi Dean, *Solidarity of Strangers: Feminism after Identity Politics*, Berkeley: University of California Press, 1996; Chandra Talpade Mohanty, *Feminism without Borders: Decolonizing Theory, Practicing Solidarity*, Durham; London: Duke University Press, 2003.

③ Wendy Harcourt, ed., *Women@Internet: Creating New Cultures in Cyberspace*, London; New York: Zed Books, 1999; Wendy Harcourt, "The Personal and the Political: Women Using the Internet", *Cyber Psychology & Behavior*, Vol. 3, No. 5, October 2000, pp. 693 – 697.

第一节　个体在行动

2018 年，"生育津贴案"和 2019 年"单身女性冻卵案"的出现引起社会较大关注，并登上了热搜排行榜。部分个体单身女性/母亲则通过网络自媒体传播自己的女权主义观念，"寻捐精者"帖子和视频是一个典型代表。单身女性争取自身生育权典型案例的涌现极大地丰富了中国公共领域对于单身生育问题的探讨，也使人们认识到未婚生育的可能。

一　"生育津贴案"：从行政复议到行政诉讼

2018 年一起"生育津贴"诉讼案上了中国的热搜榜，诉讼案的主人公叫张萌（化名），她自己也是一名未婚妈妈，在申请生育津贴的时候遇到了困难，她没有选择放弃，而是用法律手段维护自身的合法权益。她认为，自己所遇到的困难是所有未婚母亲可能遇到的困难，尽管在从行政复议到行政诉讼的过程中她遇到很多挫折，但她依然在维权的道路上坚持着，因而她也得到不少未婚母亲以及公益群体的支持。

笔者和张萌是在一个微信群认识的，为了团结未婚妈妈，她和几位未婚妈妈一起组建了一个未婚妈妈微信群，因笔者在媒体发表了关于未婚妈妈的文章而被拉进了那个群。作为组织者，张萌在群里讨论时很活跃，当笔者向她发出访谈邀请时，她欣然同意。2016 年，年近 40 的张萌首次意外怀孕，据她的描述，她那个年纪，在采取避孕措施的情况下，依然怀了孕，这个几率是非常小的。如果她放弃这个生命，可能就再也没机会当妈妈了，再加上她当时强烈感觉到和自己肚子里孩子的紧密联系，觉得那就是一个生命，即使在她知道孩子父亲不愿意要这个孩子的情况下，依然决定将孩子生下来。

因为这个孩子属于非婚子女，生孩子前张萌担心很多，比如是否能顺利在医院生产，能否领到生育津贴，能否给孩子上户口，孩子上学是否会遇到困难，自己家人能否接受，自己的工作会不会受到影响，等等。后来孩子顺利在上海的公立医院出生，孩子的户口问题也解决了，自己的工作丝毫没受到影响，家人不仅接受而且十分支持她的这个决定，张萌十分欣喜自己的生活并没有因为这个生育的选择而受到太大的影响。可是唯一让她犯难的是生育津贴由于她没有结婚证而无法领取。对于在外企工作、工资水平比较高的她来说，这笔生育津贴是否能拿到并不那么重要，可是她觉得未婚妈妈群体里很多人的经济条件并不是那么好，生育津贴对于这些人来说可谓一笔可观的照顾孩子的收入，尤其在产假期间收入几乎没有的情况下。

"我当时觉得这是中国政策上的一个空白，也就是说保险政策并没有考虑未婚生育者这个群体，因此出发点是善意的，"张萌对这一社会保险政策不满意，于是决定通过法律途径来维护自己的正当权益。她首先选择了行政复议，2017 年 7 月对街道办不肯开具计划生育证明提起了行政复议。

> 一开始因为我没有打过官司，我之前也想到诉讼成本是相当高的，行政诉讼的成本和成功率是相当高的，成功率相当低，成本是相当高的，我就不大敢做。但是当时我看了一下复议，好像说复议现在其实挺简单，一封信过去，甚至一个电话过去他都应该接的……

张萌首先试图在现有的法律框架内质疑街道办不肯给她办理"计划生育证明"这一行政行为。街道办不给她办理的理由是她没有结婚，显然她的生育不在计划内。不过很遗憾行政复议并没有成功，11 月黄浦区政府复议中心维持了原来的行政决定，印证了她说的行政复议"成功率相当低"这一特点。不过张萌不想放弃，她决定继续提起诉讼，之后她对街道办和区政府提起了行政诉讼。找到公益代理律师后，她们可以起诉计生部门或者保险部门，经过讨论之后她们决定还是起诉保险部门。

> 我们其实有两点，第一个就是未婚生育是不是合法合规？如果是的话，你社会保险包括其他的东西都应该是平等的。第二个，即使不合法合规，即使违反计划生育政策，你是不是应该剥夺？我当时觉得第一就是说社会保险这一块的确是它很直接，你是社会保险部门，你是义务部门，然后你的上级是你的上位法是社会保险法，社会保险法是没有约定任何条件的，而且我觉得如果官司打赢了的话，它的受益

面不仅仅是未婚妈妈，未婚妈妈其实是少数，如果社会保险法能够做出一些改变，脱钩，那么受益面就会很大，就会远远超过未婚妈妈受益面。

2018 年 4 月，遗憾的是诉讼结果依然判决小张败诉。之后她再次要求社保中心给予自身相应的保障，同时审查《上海城镇生育保险办法》的合法性，建议取消女性申请生育津贴必须提供计划内生育证明的规定。可惜的是，这次的行政诉讼依然失败了。根据张萌的描述，是"理所当然输了"。当笔者问为什么"理所当然"的时候，她这样回答道：

> 其实我跟你讲，他们很差劲的，法律裁判文书你仔细看，逻辑是不清的，其实是不清晰的，他跟你说第一个初审书的时候，第一，他引用前面一个案子的就是规范性文件审核，他引用了前面一个案子的结果，是因为之前审核没问题，所以这次我们也不审核。第二，因为他不给你社保是合法合规的，所以你输了，他不参考你的逻辑，他不按照你的逻辑走，其实就摘了一句话，因为出具声明是合法合规的，所以就支持原行政行为，就这么简单。

接受访谈时张萌还在考虑再审结果，她认为前景并不乐观，但是她决定将这条上诉之路走到底，因为这不仅仅是为了她个人，更是为了整个未婚妈妈甚至更为广泛的女性生育者群体。2021 年 3 月 3 日，等待了近 5 年的张萌终于收到了生育津贴，她这次通过网络申请生育金，不同以往，这一次申请环节流畅，并最终通过银行转账收到了一笔本该属于自己的生育津贴。张萌的成功申领也为未婚妈妈群体带来了新的希望，在张萌之后，未婚妈妈群里有几位未婚妈妈也陆续表示收到了生育金。但是，由于各个地区政策不一样，并不是所有地区的未婚妈妈都能像张萌一样领取到生育金，部分单身母亲由于没有计划生育证明还无法获得医院的生育报销，这些政策上的障碍进一步加重了未婚女性育儿后的经济压力。

二 新兴女性争取单身生育权

和张萌的生育津贴案一样，2019 年全国首例单身女性争取冻卵案——

"徐枣枣冻卵案"也上了热搜。2018 年年底，30 岁的徐枣枣去首都医科大学附属北京妇产医院生殖科咨询冻卵事宜，当医生知道她是单身女性时，却劝她找男朋友，通过传统的结婚怀孕方式来生子。不久，枣枣再次去这家医院检查她的卵巢质量，结果显示她的卵巢健康，不过该医生和上次的医生一样劝她早点结婚生子，因为国家不允许单身女性冻卵。枣枣对国家不允许单身女性冻卵的规定不满，和张萌一样，她也决定采用法律途径来维护自己的正当权益。她和律师将医院作为诉讼被告，想把该案件作为医疗纠纷进行立案，经过几次波折和拒绝律师决定把案由改成人格权纠纷，因为人格权包含生育权和生育方式的选择权利，该案件最终在北京朝阳区人民法院以"一般人格权纠纷"立案了。①

2019 年 12 月 23 日，庭审持续一个小时，双方争辩激烈。医院方主要以中国手术技术不成熟以及现有的法律框架比如《人类辅助生殖技术规范》和《人类辅助生殖技术管理办法》进行抗辩，而原告则认为被告行为是对原告女性身份的歧视，违背了《中华人民共和国妇女权益保障法》对男女平等、消除对妇女一切形式的歧视等相关规定，侵害了原告的一般人格权。② 由于原告被告各执一词，法院未当庭宣判。

如果说徐枣枣是通过依法抗争的方式为自己争取生育权，那么还有更多的单身女性通过其他的方式。阿烂就是其中一个，她通过网络视频的方式来表达单身女性对于生育权的向往。和阿烂认识是通过"多元家庭网络"社团的总部负责人，因为笔者在北京，总部负责人把阿烂介绍给了笔者。阿烂作为北京地区的负责人，承担着组织诸多线上线下活动的责任。第一次见到阿烂是在她组织的一个关于多元家庭的分享会上，因为是和北京女同志中心合作，那次来了很多同性恋伴侣，也有一些单身女青年。阿烂轻车熟路地主持了整场分享会，几乎调动了所有人的积极性，让每个人都分享了自己对于家庭、婚姻、生育等问题的看法。大家普遍认为，家庭成员的数目、性别以及代际都是可以多元的，而家庭联系可以是血缘、爱、婚姻、陪伴等。

阿烂经常在自己经营的微信公众号以及多元家庭公众号发表以及推荐

---

① 徐枣枣：《口述｜首例"冻卵案"原告徐枣枣：我并不自信》，澎湃新闻 2020 年 1 月 7 日，https://baijiahao.baidu.com/s?id=1655018793753587477&wfr=spider&for=pc。

② 陈鑫：《首例单身女性争取冻卵案开庭，当事人：会继续争取》，搜狐新闻 2019 年 12 月 23 日，https://www.sohu.com/a/362260998_313745。

一些关于多元家庭的文章，而她自己在日常生活中也践行着和尝试着多元家庭理念。有一个阿烂拍的视频——《寻捐精者·阿烂》曾经引起较大的社会关注，单身的阿烂想通过这个视频寻人捐精。帖子开头有阿烂的自述，她在自述中提及对婚姻和生育的看法。关于婚姻，她说，"两年来我游走在对抗传统婚姻制度和探索自我的边缘，伴随对婚嫁文化生育文化的深入了解，时至今日，我对婚姻的兴趣已经很低，但我仍然要对自己的生活有主动权，这次征集目标明确，就是要找到一枚精子"①。这次征集并不是她第一次用视频来表达自己的观点，作为编导出身的阿烂认为视频传播会达到更可信的效果，因为有一个实实在在的人在里面。视频里的她说道："实际上我并不期待婚姻，某种程度上我更愿意一个人生活，但，我想要一个孩子。现在的问题是，我不知道自己会不会结婚，什么时候结婚，跟谁结婚。这个婚生的程序我等不了了，在心理和身体层面我做好了全然的准备，但国内的精子库不对非婚女性开放，不知道我的那颗精子现在在哪里奔走呢？生孩子这件事我说了很久了，2019年一定要找到那个一起种植的人。"②

阿烂的寻找捐精者计划所起到的社会影响虽然比不上生育津贴案和冻卵案，但是它也体现了部分新时代单身女青年的想法。2019年底我访谈阿烂的时候再次提到这个计划，阿烂又滔滔不绝地打开了话匣子。

> 那个时候我是单身，然后在视频里面说的，我不知道会不会结婚，我不知道跟谁结婚，不知道什么时候结婚，对，其实这是几个很重要的问题，也可能是很多想要生孩子，但是又被婚姻困在这里的一些单身女性所面临的共同困境，对于那个时候的我来说，并不是说打定主意要单身生育，对，我觉得我不赞成的是这个程序，一定要结婚才能生孩子这个程序我是不认同的。所以在这样的状态下，我个人对生孩子更感兴趣，觉得是更需要去做的一件事情，所以在那个时候发了那样一个帖子，就是表明我的态度，仅此而已。其实对于更细的，我要怎么样，未来其实是没有设限的，后来我也就遇到这样一个

---

① 阿烂:《寻精子者·阿烂》，看点快报2019年1月23日，https://kuaibao.qq.com/s/20190123A0RDA100。

② 阿烂:《寻精子者·阿烂》，看点快报2019年1月23日，https://kuaibao.qq.com/s/20190123A0RDA100。

人。我不是反婚或者不婚主义者，我是很开放的，只不过在我单身的状态下，我比较迫切地想要一个孩子。①

不赞成"一定要结婚才能生孩子这个程序"是阿烂拍这个视频的主要动力，和徐枣枣一样，她对于国内精子库不对单身女性开放同样存在不满。能不能结婚阿烂并不确定，但是她很确定的是，她想要一个孩子。阿烂最后找到了捐精者，并不是从精子库，而是通过自然怀孕，她和那位捐精者走入了婚姻，似乎最终阿烂也落入了结婚生子的俗套，但是阿烂的视频，以及前面提到的徐枣枣案件依然鼓励着许多单身女性，让人们思考结婚才能生子这个由法律设定的程序是否具有合理性，阻止单身女性使用精子库是否具有合理性。

随着中国经济发展，很多女性逐渐拥有不少财富，其中有一些单身女性一直找不到合适伴侣，但是又希望有个孩子，一是有个陪伴，二是能将自己的基因传下去，三是给父母有个交代。由于国内不允许单身女性接受人工授精，有些人就将眼光转向了海外。根据粗略估计，目前中国至少有一万名单身女性到海外买精生子，由于害怕公众的叨扰，她们很多不愿意公开自己的身份。② 笔者没能访谈到这些女性，不过通过新闻报道或者她们自己的微博笔者了解到这个群体中某些人的生育故事，这一群体包括异性恋单身女性，也包括同性恋伴侣。

洋洋是笔者了解到的第一位海外人工授精的单身女性，她在微博上拥有二十多万粉丝，微博名为"DC药局创始人"，微博简介是"怡佛商贸有限公司董事长、DCexport品牌所属人"。洋洋凭借自己的努力，从在北京租地下室的北漂，变成一名企业的CEO，以及DC药局的创始人，在这一过程中，她获得了很多财富，拥有名车豪宅，但是她总觉得生活缺少了什么。2017年，29岁的洋洋没有结婚，也没有男朋友。她不确定自己是否能结婚，但是她很确定她想要一个孩子。心动不如行动，她决定去美国买精生子。在精子库中，洋洋精心挑选了两个优质供精者的精子，经过促排、取卵、胚胎、移植、产检等一系列的医学过程，花了50万元人民币，

---

① 2019年12月26日对阿烂的电话访谈。

② 付子洋：《单身女性选精生子：我到美国买常春藤精子，生混血宝宝》，《新京报》2019年2月25日，https：//baijiahao. baidu. com/s？id=1626396337650930437&wfr=spider&for=pc。

她最终生了五国混血女孩 Doris。洋洋经常在微博上更新她女儿 Doris 的照片和视频，顺便推销自己的公司和产品。她的故事曾经被多家媒体报道，从某种意义上说，她的生育过程也成为她营销的一种方式。只要自己的选择没有骚扰别人，那么就有自己选择的权利，这是洋洋对自己生育选择的总结。

和洋洋一样，小滚珠也是远赴海外选精生子的单身女性。小滚珠在微博拥有两万多的粉丝，虽然不算多，但由于她说话犀利，在选精生子群体里也算小有名气。笔者知道她首先是通过微信群，后来笔者还看到《新京报》对她的报道，介绍了她以及另外几个大龄单身女性到海外接受人工受孕的整个过程①。为了让更多的人了解自己的生育过程，小滚珠也在微博上详细写了赴美选精以及接受人工授精的整个过程。②

小滚珠是北京某投资公司职员。她本科毕业于北京某 985 高校，硕士毕业于清华，后来还去美国读了一个 MBA。作为典型工科女的她，不太喜欢国内的男性。36 岁那年，她测了三次 AMH 值——那是评测女性卵巢储备功能的指标，数值越高卵子的存量就越丰沛，当一名女性的 AMH 值低于 0.7ng/ml 时，想要受孕就很难了。春节前后第一次检测时，她的 AMH 值还有 3.72，六七月时变成了 2.26，年底下降到了 1.3。那时她没有结婚，也不知道什么时候才能遇到合适的人，但是她很确定她想要个孩子。面对自己 AMH 值的不断下降，小滚珠感到前所未有的焦虑，如果现在不试着生，再过几年她还能生孩子吗？她写道，"我非不婚主义者，但生育后代是我天生的能力、权力和根本利益；无需任何人批评，也绝不能被任何人耽误"。深受《自私的基因》中关于基因永生的说法，为了让自己的基因一直延续下去，小滚珠不能接受自己没有后代，于是她想到海外授精这条路。

一开始，小滚珠想通过宫腔内人工授精，虽花费少，但是成功率比较低。很可惜她失败了，损失了六万多块钱。在宫腔内人工授精失败之后，直接转向试管婴儿，根据她自己的描述，医药移植加两次赴美食宿行，她共花费 23.3 万元。在挑选精子时，小滚珠在两个候选人中纠结许久："一

---

① 付子洋：《单身女性选精生子：我到美国买常春藤精子，生混血宝宝》，《新京报》2019 年 2 月 25 日，https：//baijiahao. baidu. com/s？id＝1626396337650930437&wfr＝spider&for＝pc。

② 清华小滚珠微博发帖：https：//m. weibo. cn/status/4450575741400399？。

位长相酷似迪拜王子哈曼丹，头发乌黑，鼻梁高挺，目光深邃"；"一位是美国前海军陆战队成员，拥有 MBA、法学博士学位"。"哈曼丹王子"阳光健康，热爱运动，简介的第一句话是"这是一个充满快乐的人"。小滚珠被这句话打动了，因为原生家庭关系不睦，自己性格压抑严肃，她希望女儿是一个轻松快乐的人，于是她最终选择"哈曼丹王子"的精子。孩子出生之后，自己、保姆和自己的母亲一起带孩子，小滚珠经常会在微博上更新孩子的状态，并加上#混血宝宝##试管婴儿#的标签。

此外，在多元家庭经营的公众号里，还能看到许多关于同性恋者到国外选精生子的文章。比如阿一就和她的女伴决定去柬埔寨做人工授精。[1]"我原本打算形婚要孩子，这样跟我家里比较好解释。但我在群里看到很多形婚要娃的前车之鉴，绝大部分都因为双方意见不合争得头破血流，本来想瞒着家里的事也还是让家里知道了。这样一来，形婚的意义就不是很大了"[2]，阿一和她女伴在放弃形婚之后选择去柬埔寨做人工授精，因为相比于美国和其他发达国家，柬埔寨的费用要低很多。她们选择白人的精子，本来打算 A 卵 B 怀，但是由于阿一伴侣年龄比较大，经检查卵巢功能比较弱，最后选择用阿一的卵子受精并植入阿一体内孕育，不过孩子的户口上在阿一女伴的户口上。阿一和女伴并没有完全对她们的父母公开自己同性恋身份，在日常生活中，她们也隐瞒自己的性别身份，而这个新出生的孩子，她们打算先告诉父母他是阿一伴侣未婚生的，以后再慢慢跟他们透露真实情况。阿一的故事在同性恋生育者中并不少见，随着中国同性恋权利意识的逐渐觉醒，再加上传宗接代思想，越来越多的同性恋者通过各种方法怀孕生子，比如形婚、接受好友捐精、海外人工受孕等。

本小节笔者主要介绍了中国公共领域个体追求单身生育权的案例，包括张萌的生育保险金案，徐枣枣冻卵案，阿烂寻精的例子，以及单身女性和同性恋者赴国外选精生子的案例。这些个案推动了中国公共领域对于单身女性生育权的讨论，激发公众思考和讨论国家政策剥夺未婚生育者享受生育保险金的机会、不给予单身女性冻卵以及接受人工授精的权利是否合理。实际上，在公共领域，除了有像张萌、徐枣枣、阿烂这样的个体推动

---

[1] 《为了生育赴柬四次，我们学习着成为妈妈》，多元家庭网络（微信公众号），2020 年 4 月 29 日。

[2] 摘自《为了生育赴柬四次，我们学习着成为妈妈》，多元家庭网络（微信公众号），2020 年 4 月 29 日。

女性生育权的实现之外，还有一些社会组织也在积极行动中。

第二节　机构在行动

在中国，有很多名词来描述 NGO（Non-Government Organization），像"非政府组织""民间组织""非营利组织""公民社会""第三部门""社会团体"等。改革开放之后，国务院先后发布一系列文件和规定来规范这类组织，比如《基金会管理办法》（1988）、《外国商会管理暂行规定》（1989）、《社会团体登记管理条例》（1998，2016）、《公益事业捐赠法》（1999）等。中国的社会组织数目一直呈现明显的上涨趋势，1998 年《社会团体登记管理条例》公布前，中国各级社会团体总数约为 17 万家，到 2002 年，全国范围内正式登记注册的社团和民办非企业单位约为 23 万家。[①] 根据中国社会科学院 2019 年发布的《慈善蓝皮书》，2018 年年底，中国正式登记注册的社会组织总数更是超过 81.6 万家。

根据《社会团体登记管理条例》，成立社会团体需要以下条件："（一）有 50 个以上的个人会员或者 30 个以上的单位会员；个人会员、单位会员混合组成的，会员总数不得少于 50 个；（二）有规范的名称和相应的组织机构；（三）有固定的住所；（四）有与其业务活动相适应的专职工作人员；（五）有合法的资产和经费来源，全国性的社会团体有 10 万元以上活动资金，地方性的社会团体和跨行政区域的社会团体有 3 万元以上活动资金；（六）有独立承担民事责任的能力。"（第 10 条，2016）由于社会组织登记的条件比较苛刻，很多社会团体无法达到以上的条件而没法正式注册。虽然 2002 年正式登记注册的社会组织约为 23 万家，未登记或转登记的团体据估计达到 140 万多家。[②] 有研究甚至显示中国民间组织 80% 以上属于非法存在，存在着严重的合法律性问题。[③] 田野中笔者所遇到的帮助未婚母亲的社团也是没注册的社团，其组织者几乎是兼职，而且

---

① 王名、贾西津：《中国 NGO 的发展分析》，《管理世界》2002 年第 8 期。
② 王名、贾西津：《中国 NGO 的发展分析》，《管理世界》2002 年第 8 期。
③ 谢海定：《中国民间组织的合法性困境》，《法学研究》2004 年第 2 期。

人数很少，需要靠志愿者的帮助才能让社团的经营持续下去。本节笔者将主要介绍在田野中所接触的两个帮助未婚母亲的社群组织——"多元家庭网络"社团和"互生"社团。

和个体相比，机构在帮助特定群体、维系社群网络、组织活动宣传、团结内部人群、促进社会观念的改变中有着无可比拟的优越性。不过有研究指出，中国的民间社会目前还处于"前公民社会状态"，草根 NGO 往往面临着法律、人力、资金、信任、知识五个方面的困境。[1]对于帮助"非法"的未婚妈妈的民间组织来说，其所遇到的困境更加严峻。这不仅表现在帮助未婚妈妈的社会群体数量少之又少，其服务的人群有限，还表现在仅存的社会团体无法正式注册，其经营和管理存在很多困难，比如"多元家庭网络"在举办活动的时候就会遭遇活动地点被当地执法部门取缔的问题，"互生"则遇到社会捐款受到限制和审查的问题。如何让社会机构充分发挥积极作用，促进社会的进步成为当前社会的突出问题。

一　"多元家庭网络"社团

"多元家庭网络"是由彩虹律师团成员 Coby 在 2018 年发起的一个志愿者团体。Coby 和阿烂是该团体广州和北京地区的协调人，笔者有幸对两位都进行了访谈，访谈中她们谈到该团体运作、经营方式、工作的具体内容，遇到的困难以及她们觉得有成就感的地方。

Coby 和阿烂分别负责广州和北京的线下活动组织，而配合她们工作的则是在不同活动中吸引的志愿者或者该城市的其他相关社会团体。Coby 和阿烂都是兼职做这份工作，用她们的话来说，做这份工作靠的是情怀、兴趣和热情。该社会团体的管理者主要通过微信群来联系和管理其成员和志愿者，并通过微信公众号和微博来发布社群的相关信息。这个社团没有办公地点，也没能注册，不过她们觉得能否注册无所谓。

> （注册）不是单纯我想不想的问题，首先你条件能不能达到，对吧？然后你愿不愿意被他管，然后被他审查，也就是注册有注册的好处和限制，不注册有不注册的好处和限制，就看你怎么想了……（注

---

① 朱健刚：《草根 NGO 与中国公民社会的成长》，《开放时代》2004 年第 6 期。

册的话）你的所有的情况他都要知道，你做什么他都需要审批，你不可能有自由……17 年开始慈善法生效的，17 年还是 18 年我忘了，就是有一个境外组织管理法，这都是针对 NGO 的一些管制。在那之后 NGO 的注册是相对多了，因为之前国家对这个认识不够，所以没有想管太多，但是后来觉得这是需要管理的，包括众筹以前也不需要挂靠在一个基金会下面，个人都可以做，现在你想要众筹，必须找一个基金会才是合法的，否则就是非法的状态。注册的话我觉得会损失一些自由。①

和很多民间组织一样，该社团处于"非法"运营状态，没注册，没有固定的工作场所，真正的社团管理人员就两个，社团成员也寥寥无几，但靠着运营一个公众号"多元家庭网络"，并且定期组织一些相关活动，发布国内外相关咨询和访谈稿，该社团依旧在网络上有着很高的人气。

Coby 从 2015 年前后开始关注女同性恋生育的议题，那时候徐静蕾冻卵的新闻铺天盖地，她意识到中国单身女性生育权缺位的问题。2018 年 8 月她从彩虹律师团出来独自组建"多元家庭网络"，将服务对象扩展到所有想生育的单身女性。Coby 自己也希望能生一个女儿，由于现在国内精子库不对单身女性开放，出国去做她又没有足够的经济实力，加之考虑到家里人可能没法接受她非婚生子，她决定把这个计划再推迟几年。

Coby 主要对社群里或者向社群寻求帮助的人提供法律援助，自 2015 年以来她接触了很多和同性恋生育相关的法律案件，讲到这些案件，她滔滔不绝:

> 国内的精子库辅助技术都不对非婚女性开放，这就是拉拉面对的最大问题。早些年，比如说从 2005 年可能就有拉拉开始尝试要孩子，他们一开始是从国内尝试的，国内有很多非法的和灰色地带的给你做辅助技术，却不给你任何票据或者不保证结果，没有任何的保证，钱交了，但是没有结果，然后就有拉拉被骗。对，她们做了手术，但是没有怀孕，也没有办法去维权。然后是跟侵权有关的一些问题，她有一个女同性恋伴侣，在国内生孩子的话，谁生的这个孩子法律上跟谁

---

① 与 Coby 电话访谈，2017 年 7 月 27 日。

是有亲子关系的，没有生孩子的妈妈就跟孩子没关系，但有的时候在操作上因为有一些灰色的操作，比如说我生的孩子登记在了对方的户口名下，之后两人分手就涉及很多侵权的问题。一些同性恋比较常见的，是怎么上户口的问题，比如说有的人是一对伴侣，想把孩子上在对方的户口上就有这种问题。

同性恋伴侣生育侵权、亲子关系认定、上户口等相关的法律案件她都遇过，也尽力为她们提供了一些法律援助。

除了法律援助，这个社团每隔一段时间会举行一些活动，比如分享会、讲座、线下交流会等。笔者曾经参加过这个社会团体组织的线下分享活动，活动中给每位参加者发放了其编纂的《单身女性——拉拉生育宝典》，其中有关于如何成为一个妈妈（准备篇、人工辅助生殖篇、收养篇）、孩子如何获得合法身份、身为性少数如何生育和抚养小孩等信息。在活动中，大家主要就三个问题分享了自己的看法：为什么生/不生小孩，中国的拉拉生小孩的途径，什么是家庭、成家。在该活动中还有人分享自己的生育经验。组织这样的线下活动，一方面是让在线上有过联系的人互相认识和交流，另一方面是让单身女性尤其是女同性恋对于生育有更多的认识和了解，从而为自己以后做生育决定提供必要的信息储备。从以往的活动介绍来看，有时候组织者还会放映和拉拉生育、亲密关系有关的电影和纪录片，对拉拉的生育生活进行直观介绍。当然，除了线下活动之外，该社会团体还有微信公众号和微博，时不时会在公众号上发布一些关于中国单身生育的简报、不同志愿者和成员写的关于单身生育问题的稿件，以及关于单身生育者的访谈稿，这些十分有助于扩大公众对于同性恋群体生育的认知，减少该群体及其子女在社会上可能遭受的污名化。

北京组织者阿烂的故事笔者在第七章已经简单介绍过，编导出身的她，很擅长用视频来表达和传播自己的观点。除了时不时在社团公众号发表她新制作的视频、新撰写的访谈稿以外，她还负责社团其他大大小小的事情。讲到自己的工作内容，她也一股脑说了很多。

你上次来参加活动，拿到我们的折页，其实也看到了我们做过的活动都有什么，包括报告的撰写，报告的发布、手册的发布就是数据性的内容。常规型的话可能会有一些访谈，主要是面向社群的一些支持,让大家看到各种各样的生活样式,不会觉得很孤单,不会觉得自己特别没有支持。然后有一些面向社群的内容,可能包括一些资讯,资讯也是实时更新的,每个月都会发。现在有什么新政,有什么样的新闻,关于生育权方面的。还有会做一些法律倡导,法律倡导可能就包括每年的两会倡导,还有法律的案子,包括生育保险,现在冻卵我们会更关注并跟进。对,然后真正涉及权益相关的、与权益争取相关的。线下的社群活动也在不同的城市开展,目前就是北京、上海、广州、成都之类的,会做一些内部的研讨会,看看我们这个议题,它有什么样拓展的可能性,跟一些专家,包括社会学、法学等方面的,从各种角度来看。对,大概是这样。

"一个人就是一支队伍"形容阿烂是再贴切不过了,如此多的日常工作包括举办活动、报告撰写和发布、访谈、资讯更新、法律倡导、跟进相关案件、游说两会委员、邀请专家做讲座等,而且她在这之外还有另外两份兼职工作,她依然能够有条不紊地把各项工作一步步推进、完成。

忙不过来的时候,阿烂也会依靠各地的志愿者。由于网络的发达,阿烂觉得,工作中的"地域性"逐渐变得模糊,有些活动甚至全国各地的小伙伴都能参与进来,正像她所说的:

> 北京这边我一个协调人,然后办活动,我们也有志愿者伙伴,如果是线下活动的话,她们可以线下做一些协助,如果有一些其他的线上活动,现在很多工作可以线上完成,她们可能有一些线上的支持,是不分地域的,即便我在北京做比如说我在北京做事,但是广州或者是其他地区有一些志愿的伙伴,也可以协助我做一些前期的准备什么的。然后线下的话也有线下的志愿者,这个事儿也分什么活动,比如说前两天枣枣的案子,我们准备媒体的见面会,也是多方协助的,包括我找朋友来现场帮忙,有一些朋友线上协调场地,包括一些媒体资源,可能大家共同来做。其实现在的这种工作方法,它的地域性界限越来越被模糊掉了。

至于遇到的困难,Coby 和阿烂有不同的观点,Coby 觉得资金、找到可言说的主体以及找到愿意投入公益事业的人才是比较大的困难。

资金是最大的困难，除了钱之外，可能一开始大家不是很愿意讲这个故事，同性恋群体由于其可能在准备生孩子之前，对自己身份的认同已经很到位了，后面对于成家，也是抱着一种很积极的态度在做，那很多异性恋包括你访谈或者接触的很多都是被动的……她在这个过程中受到的心理上的变化，社会上的歧视还是蛮难以想象的，很多人我接触到一两个可能因为成为单身妈妈要被迫搬几次家，所以让其去讲述本身是一件困难的事儿……还有人吧，我觉得做事的人因为没有工资，都是公益性质的，要有自己养活自己的工作，要有时间和精力和一些情怀来做这件事情，像我认识的几个人做这件事情，要么是自己很想单身生育的，要么是对女性权益同志权益这种多元成家真的很感兴趣的。但是大家付出的精力都是比较有限的。所以人也是一个问题。

由于机构没有注册，Coby 和阿烂对机构没有太大的期待，就像 Coby 说的："对机构没什么期待，能够做事情就可以。没有想过做什么大机构，你想我们没有注册，主要是大家有共同的理念和想法一起做一些事情。对，能够推动一些改变，能够让权益真的得到改善，这个是我们想做的。对机构没什么想法。"

"多元家庭网络"作为倡导性社会团体，在为弱势群体发声、政策法律咨询、法律援助、关系网络建设等方面发挥着重要的作用。从 Coby 和阿烂的叙述中也可以看出，该机构在扶持个体行动上起了很大的作用，她们对于生育津贴案、冻卵案的帮助、跟进和报道，有力地推动了这些案件在社会中的影响力，而对这些案件的报道又提高了该机构在社会中的知名度。机构行动和个体行动互相促进，互相影响，共同推动社会观念、政策甚至法律的改变。

二 互生——帮助未婚妈妈的佛教组织

在中国，佛教不仅在教义上从生命观、因果观、婴灵超度等多方面为未婚生育行为证成，佛教组织在帮助未婚妈妈生育上所起到的作用也不可小觑。除了多元家庭网络以外，笔者所了解到的帮助未婚妈妈群体的社会团体还有一个佛教组织——"互生"，其成立时间比"多元家庭网络"要早很多。与倡导性社会组织"多元家庭网络"不同,"互生"主要对有需要的单身妈妈给予实际的经济救助,尤其是在其分娩阶段。

严格来说,互生也是一个"非法组织",因为它并没有正式注册,没有正式的办公地点,会员也不固定,负责人都是兼职做相关工作,并依靠志愿者来实现其服务、咨询和活动组织的工作,组织者、志愿者和服务对象主要来源于其所建立的单身母亲QQ群。

"互生"是笔者在浏览百度贴吧未婚妈妈吧的时候发现的,在这个贴吧置顶的帖子里有一个是互生组织发的,帖子介绍了这个组织,并且提供了几个QQ群号,供未婚妈妈加入。笔者加入了这些QQ群,其成员总共加起来有一千人以上,是目前笔者所见的最大的未婚妈妈群。2014—2015年,这些QQ群十分活跃,成员经常聊天,可是随着微信等聊天工具的兴起,QQ群逐渐冷清了,QQ群里仅有佛教义工会发一些佛教视频。2018—2019年,笔者再次联系QQ群里的成员时,回复笔者的寥寥无几,不过幸运的是,该组织的一个核心负责人宗洁接受了笔者的访谈,通过和她的聊天,笔者对这个组织有了更加深入的了解。

笔者和宗洁见面的场所是她工作的地方,北京某个小区的古琴室。因为她要带她女儿去欧洲旅行,我们见面的时间一推再推,到真正见面的时候,笔者已经怀孕9个月了。据宗洁叙述,互生这个组织最先形成是2012年五六月份,它的前身是一个类似的组织,由于负责人之间出现观念上的分歧,宗洁等人就决定分出来组成新的社团,而她们之间最重要的分歧是,宗洁希望孩子能够跟着自己的母亲,而之前的社团是希望孩子能够留下来给组织。如果将孩子留下来给组织,所涉及的问题就比较多,甚至组织可能会承担拐卖孩子的罪名。出于这样的担心,宗洁等人决定新成立一个社团,命名为"互生"。

从2012年到2019年,该社团救助的未婚妈妈达到100多人,主要资助"单亲"孕妇的生产费用,并照顾其坐月子。宗洁这样定义她们的救助对象。

> 我们不是单身,而是单亲,只有一个亲,你要没有爸爸没有父亲来管你,有人管或者说有亲人,有家属管我们管什么劲,所以单亲就是(只有一个亲),其实你去想想,这个世界上最弱的弱者就是胎儿嘛,不会说话,无法表达自己,什么叫弱者?那些代表弱者发声,代

表最最弱的，无法为自己发声的人去说句话，它想活，就是这么回事，就这么简单。①

据宗洁讲述，救助流程是由社团创始人苦行设计的。救助过程很简单，首先是有需要的女性提出申请，在 QQ 群里将自己的资料发送给志愿者，包括背景、年龄和产检证明等，然后督导（一般是社团负责人，5 个人左右组成）就会讨论这个案子要不要接，如果接就会派志愿者去申请者家里面谈，志愿者决定救助就救助，否定了就不救助，因为志愿者最直观地面对申请者，能够了解到申请者的具体情况，而督导的权力就在于投票决定要不要接这个申请案例。

救助的内容主要是生产费用和坐月子期间的费用。宗洁说，这个社团最多的时候有四个生产基地，分别在广东、北京、海南和山东，到 2019 年的时候基本只剩广东生产基地还在运作，因为该社团的主要负责人在那里，她全职做这个事情。一般来说，通过志愿者审核的未婚妈妈在生产前会被派到邻近的生产基地，社团负责产妇住院期间的生产费用，在生产完之后将其接到生产基地由负责人和志愿者照顾。救助的资金来源于佛教团体内部的捐款，以及其他社团的资助，来源比较多元化，而且对每一位产妇也没有特别设定预算。作为佛教徒，宗洁对于很多人依然不能认识到堕胎的恶感到痛心。

> 我觉得还是我们总的团队力量不是很好，其实这些事情应该是宣传做在前面会比较好，然后包括对大学对社会的宣传，在这些方面应该有更多的人去做。我还是那句话，哪怕有一个人站出来说一句不同的话，就算他没有做什么，他说这件事情还可以这样去思考的时候，我觉得都是非常有价值的事情。但是我们自己的资源或者是自己人生的这种力量不一定够，或者说愿力不是非常够，没有力量那么折腾了。但是觉得这块还是最最遗憾的事情，比如说救助，真的你说能救 100 多个孩子算挺了不起，但是说这 100 多个孩子对于整个堕胎的数量来讲就是凤毛麟角。……这个世界是很丰富的，我也不一定说大家必须信佛与佛教的这种价值观，我们只是以人我们最基础的人的价值

① 来自 2019 年 8 月 18 日在北京某小区古琴间对宗洁的访谈。

观去思考这件事情。所以如果有更多的人能够站出来做这种反堕胎的宣传的话，我觉得是更有价值的事情，毕竟你去挽救堕胎就已经是这个事情上最末端的，但是最末端也没人做，就只能做一点是一点。就是这样。

宗洁感叹，多年来社团的发展经历了一些困难，比如创始人苦行的退出，某核心负责人的突然离世，还有社团成员之间的矛盾纷争，以至于社团负责人卷入"传销"事件中，这些都给社团的发展带来了负面影响。2014—2015 年是社团发展最为辉煌的阶段，随着广东以外生产中心的关闭，2019 年的时候社团发挥的作用越来越小，整个社团基本只有广东负责人一人在那里坚持，而随着微信等聊天工具的兴起，互生管理的 QQ 群也不再那么活跃了。宗洁自己并没有全职而是兼职在做这个事情，至于社团能够持续多久，她持比较悲观的态度。

最后谈到最有成就感的事情的时候，宗洁对于多年的工作依然感到很欣慰。

其实最有成就感的事情是，这个群救的孩子，他们都跟妈妈在一起，这是我们觉得最有成就感的事情，因为很多人都问我，孩子以后会不会心理不正常，我说你去看看父母双全的有几个正常的对吧？或者说很多人包括一些师兄，他们也是知道我在做挽救堕胎，有人说谁家没孩子，这没孩子的家庭特别好，能不能给他找个孩子。我说对不起，我是这群的督导，在群里只要有这样的人马上被踢出去。就因为网络上特别复杂，虽然我也觉得孩子可能去别的人家会更好一点，但是我们绝对不参与这些事情。从人性的角度来讲，不管多苦，我觉得孩子应该跟妈妈在一起。而实际上也是这样，除了那一个特例之外，没有妈妈，没有妈妈抛弃自己的孩子。这是我觉得我们最有成就感的地方。

与"多元家庭网络"注重倡导和改变社会观念、进行法律援助不同，"互生"更多的是给予有需要的单亲母亲实实在在的物质帮助和人力支持。"互生"多年来帮助了 100 名单亲妈妈生育，从某种意义上来说，它挽救了 100 来个家庭和孩子。在人口庞大的中国，100 名孩子并不多，但对于一个仅有几位核心成员的小社团来说，却是了不起的成就，对于那些被救助的孩子来说，更是意味着拯救了他们的生命。可惜这样从善的社团，没能注册，没能发展，到最后只剩下一位核心成员在坚持做这份工作了。

从本节中可以看到社会机构在帮助未婚生育僭越者，倡导社会观念的改变上所起到的作用。如果说公共领域的个体所起到的主要是带头示范的作用的话，那么社会机构则更多是在生育僭越者面临困难的时候提供帮扶，包括法律上的、经济上的、心理上的、社会支持上的，等等，这对于生育僭越者来说也是至关重要的。

第三节　网络空间：承认与团结

相比于实体空间的社会组织运营举步维艰，网络空间的群体交流平台相对来说更加活跃，参与的人数也更多。景军等学者在研究当前中国同性恋的交友格局时，发现网络发挥着日益重要的作用，他指出，"互联网的平民化赋予了同性恋者建立网站和 QQ 群的便利以及个人沟通的虚拟空间自由；同性恋的非罪化保证了同性恋者交往的人身自由"[1]。对于未婚妈妈来说，互联网的平民化和非罪化也保证了其交往和沟通的自由空间。

中国现在拥有全世界最多的网络群体，到 2015 年底，网民人数达到 6.88 亿人[2]。鉴于审查制度，国外有些学者质疑网络科技在中国所能起到的革命和解放的可能性[3]。有些学者却十分乐观地看待中国的网络发展。通过分析某段时间网络上讨论的后期流产的图片，关于流产的讨论在网民中最终产生了很多对于孕后期流产的谴责。[4] 国外也有不少学者赞同网络

---

① 景军、孙晓舒、周沛峰：《亲密的陌生人：中国三个城市的男同性恋交友格局》，《开放时代》2012 年第 8 期，第 115 页。

② 中国网信办，2015。

③ Cara Wallis, "Gender and China's Online Censorship Protest Culture", *Feminist Media Studies*, Vol. 15, No. 2, 4 March 2015, pp. 223–238.

④ Lihong Shi, "Micro-Blogs, Online Forums, and the Birth-Control Policy: Social Media and the Politics of Reproduction in China", *Culture, Medicine, and Psychiatry*, Vol. 38, No. 1, March 2014, pp. 115–132.

空间建立对于女权主义行动的必要性。Harcourt 在其关于中东地区的女权主义行为者的研究中指出，"鉴于中东地区的敏感性，很有必要为女权主义者建立一个安全的、有创造性的空间以便她们能够很容易地、自由地互相沟通，由此我们设立了伊斯坦布尔论坛"。[1]

社交媒体，比如贴吧、论坛、QQ 以及微信给未婚妈妈提供了表达困惑、发泄愤怒和痛苦，以及获取集体归属、团结和友情的网络空间，由于这些社交仅仅局限在未婚妈妈内部，其影响力没能拓展到公众视野。同时，在论坛里发表的帖子，往往需要经过论坛管理者的审核才能公开发表。田野中，笔者加入了多个未婚妈妈 QQ 群，也一直关注百度中的未婚妈妈贴吧。接下来，笔者将挑选贴吧里一些比较典型的帖子，探讨对于未婚妈妈来说，贴吧这样的网络空间意味着什么。

首先，很多未婚妈妈在现实生活中由于羞耻不得不隐瞒其身份，网络空间因为具有匿名性而成为未婚妈妈建构姐妹情谊、寻找友谊和团结的地方。比如在百度贴吧里，网名为"太阳之花"的帖主发了一条题为"建议未婚姐妹组团一起生活"的帖子，其内容为："一部分人看孩子一部分有能力的人出去挣钱供养所有的人，分工明确，没有男人，女人互相帮助，让那些混蛋看看没他们照样行。"[2]

贴吧还是未婚妈妈征求实际建议的地方，很多未婚妈妈在贴吧里询问关于自己是否应该流产，如何办理出生证明和户口，是否结婚，是否应该将孩子过继出去等。对于是否该流产这个问题，由于论坛里绝大多数是支持未婚妈妈的，一般网友都会鼓励女性把孩子生下来，不过也有一些劝说未婚妈妈自己好好考虑，不要作出让自己后悔的选择。比如"消失的左左"在怀孕 7 个月的时候，由于孩子的父亲不肯和她结婚，她父母又不支持她未婚生育，她在论坛里问："我妈说下周去妇幼打掉孩子，他爸爸这样，不值得为他养孩子，有在广州的未婚妈妈吗，我们相互帮忙，我的内心，还是想把孩子生下来。宝宝很健康，我不舍得 7 个月引产，大家能给我建议吗？"绝大多数网友建议她生下来，"7 个月了，留下吧。你条件也可以"；"我怀 8 个月了我妈还叫我去引产，我跟她讲那是杀人，我做不

---

[1]　Wendy Harcourt, "Transnational Feminist Engagement with 2010 + Activisms: Transnational Feminist Engagement", *Development and Change*, Vol. 44, No. 3, May 2013, p. 632.

[2]　http://tieba. baidu. com/p/4953144201, accessed 2017/01/24.

到，杀了肚子里的她我会做一辈子噩梦"；"我们相反，我当时生我儿子时也是未婚，我妈同意，我爸反对，可我执意要生，孩子是无辜的，7个月了，相当于让你亲手杀了孩子，你忍心吗？引产和生产一模一样的过程，只是一个是活的，一个死的。虽然我说话难听，但事实就是如此，我儿子现在一岁了，我爸妈能把他捧上天去，我真庆幸当初保护了他"。不过也有少数网友认为听从父母的建议是比较理性的，"确实会毁了你一辈子的，还会拖累你父母后半生"①。

对于那些刚刚怀孕的未婚妈妈来说，贴吧里持不同观点的人则更多。比如名为"山有木兮木324"的网友刚刚发现自己怀孕，因为种种原因不能结婚，她在贴吧里问大家是否会选择生下来，网友有让她自己做决定，"28岁了，要不要自己的孩子都做不了主？别来这里问。别人不是你，替你做不了决定"；有支持她生的，"生吧，出生了就不会后悔了，宝宝会听话的"；还有些则劝说她不要生下来，"生下后你后悔的，除非你打算一辈子不结婚，有了孩子，你怎么工作，没工作怎么生活，怎么养孩子，带着孩子以后怎么找老公结婚"②。

关于办理孩子出生证明和上户口的问题。网友问，"中国哪些地区未婚生子不用交罚款？"有网友发帖说，"未婚妈妈给新生儿上户口的办法：现在单亲妈妈上户口很容易，不要怕计划生育，不要担心罚款。现在国家鼓励生娃，可以说在为国家做贡献！现在二孩以内放心不会罚款的！有出生证明的去孩子母亲户口所在地，拿出生证明去上户口。没有出生证明的，户口所在地的派出所户籍科会告诉你到指定的鉴定机构做亲子鉴定落户。如果派出所为难不给办，直接打12345市长热线投诉！或者到他们上一级区县分局投诉，官大一级压死人！我们要争取自己的合法权利！这方面，我是专业的！喜欢的小伙伴，帮顶一下！纯原创啊"③。

关于结婚，有些未婚妈妈选择假结婚给自己的孩子上户口，有些未婚妈妈在生完孩子之后遇到了愿意和自己结婚的人走入幸福的婚姻，还有些未婚妈妈根本没有打算结婚。有网友在贴吧里发帖讲述自己的结婚经历，"虽为了孩子已和朋友领证，但在我心里依旧是未婚妈妈：为了给孩子办

---

① https：//tieba. baidu. com/p/6011098405？ pn = 1.

② https：//tieba. baidu. com/p/6099571273？ pid = 125087051458&cid = 0&red_ tag = 1035739240#
125087051458.

③ https：//tieba. baidu. com/p/6037707576.

准生证和上户口,以及我自己单位的生育险报销,已经和朋友领证了,这也是计划中的事"①。有网友问未婚妈妈是否会结婚,有些人说"反正现在暂时不会结婚,就想带着孩子一起过""男人靠不住还不如自己",有些则说"反正我是结婚了,遇到对的人肯定是要结婚的,也给孩子一个完整有爱的家""需要的,孩子也需要"②。

贴吧论坛还为未婚妈妈提供可以分享自己经历、情感和想法的场所。比如该贴吧的吧主"宇文无艳"就分享了自己十年来当未婚妈妈的经历,她当未婚妈妈的艰辛历程和她的勇敢坚强鼓舞了无数人③。

此外,贫困的未婚妈妈还能在贴吧里得到经济帮助和支持。有些未婚妈妈会在论坛里贴一些兼职工作,或者捐一些婴儿的衣服、鞋子以及其他生活用品给需要的未婚妈妈。"没名字"就在贴吧里询问有没有七八月份要生宝宝的未婚妈妈,她收拾了一些孩子的衣服,希望能够捐给有需要的未婚妈妈。④

贴吧为未婚妈妈提供了获得团结和姐妹情谊、获得诚恳建议,以及小额经济帮助的平台,由于这一平台只限于贴吧内部的人讨论,并没有引起广泛的社会关注,未婚妈妈在社会中依然受到政策限制和道德歧视,因此网络所起的作用远远没有达到变革性的效果。对于未婚妈妈来说,贴吧提供了让未婚妈妈互相帮助、交流理念和感情,以及建立社交网络的平台,但是它在改变社会对于未婚妈妈的态度上仅仅起着十分有限的作用。

第四节　小结

本章分别从个体、机构和网络三个方面论述了其在促进中国形成未婚

---

① https://tieba.baidu.com/p/6107512800.

② https://tieba.baidu.com/p/6038495619? pid = 124233583284&cid = 0&red＿ tag = 0423963800 # 124233583284.

③ https://tieba.baidu.com/p/5736085243? pn = 1.

④ https://tieba.baidu.com/p/6072564421? pid = 124670811754&cid = 124670940038&red＿ tag = 0541991086#124670940038.

妈妈友好环境、帮助生育僭越者方面所起到的作用。

　　个体的生育津贴案和冻卵案促进了中国公共领域内对于单身女性生育权的讨论，而现实的个体去海外选精生子并在公共空间内公布和宣扬自己的选择更是有力地说明了单身女性生育的可能性。这些典型个案对于改变社会观念，促进社会形成友好的单身女性生育环境，以及单身生育者的带头示范起着十分重要的作用。

　　未婚妈妈社群和社会工作者则在帮助未婚妈妈、社会倡导等方面起着更为重要的作用。"多元家庭网络"主要致力于未婚生育者的法律援助，而互生则实实在在地对于单身生育者进行经济援助。此外，网络空间里出现的一些公共社群也对未婚妈妈群体在情感交流、互帮互助、信息分享上起到积极的作用。

　　总之，在公共领域内，有代表性的个案、机构工作者、网络社群三者的互相促进和联合互动有助于营造未婚妈妈的友好环境，帮助生育僭越个体摆脱困境。

第九章　单身母职的实践与可能的未来

　　本书探讨了未婚妈妈如何作出未婚生育的选择，如何面对生育僭越后的困难，以及公共领域的个体、机构和网络如何帮助生育僭越者。费孝通在《乡土中国生育制度》一文中曾经指出，"当前的世界上，我们到处可以看见男女们互相结合成夫妇，生出孩子来，共同把孩子抚育成人。这一套活动我将称之为生育制度"[1]。费孝通对于生育制度的定义强调了男女通过婚姻结合成夫妇，然后共同生育和抚育孩子，这显然属于传统的对于生育和家庭的定义，也与中国法律政策将一夫一妻制婚姻规定为合法生育的前提一致。但是在人们的日常生活中，婚姻并不总伴随着生育，还可能会出现未婚生育的情况。费孝通也意识到婚姻关系之外的孩子是普遍存在的，他认为这些孩子的生存处境是悲惨的："没有父亲的孩子即使不致连生存的权利都得不到，但常常不能充分享受一个完全的社会分子所有的权利。他不是被挤在活人世界之外，也总是部分地被挤在社会之外。"[2]

　　中国法律对非婚生子的权益是有所保障的，比如中国《中华人民共和国婚姻法》规定，"非婚生子女享有与婚生子女同等的权利，任何人不得加以危害和歧视。不直接抚养非婚生子女的生父或生母，应当负担子女的生活费和教育费，直至子女能独立生活为止"（第 25 条）。中国《中华人民共和国继承法》也规定，非婚生子女在遗产继承上与婚生子女享有同样的法定继承权（第 10 条）。但是中国社会对于婚外生育女性以及非婚生子的歧视，再加上非婚生育可能带来的经济上的压力，非婚生育并非大众所愿意作出的选择。

　　未婚妈妈在中国是非常规的，因为她们僭越了计划生育政策，以及性

---

[1]　费孝通：《乡土中国 生育制度》，北京大学出版社 1998 年版，第 99 页。
[2]　费孝通：《乡土中国 生育制度》，北京大学出版社 1998 年版，第 126 页。

和生育的伦理，她们的选择展现了生育和抚育孩子却不一定走向婚姻的可能性。尽管有些未婚妈妈仍然无法摆脱传统的男孩偏好和对于本质性母职的追求，但她们的选择依然具有跨时代的意义。本书聚焦未婚母亲，从信仰、情感、经济、身体等多角度探讨其作出僭越性生育选择的原因，研究生育僭越行为，一方面有利于了解当前中国社会中存在的生育选择的复杂性和多样性，以及在政策和道德边界之外可能存在的生育方式；另一方面有助于反思当前中国的生育制度、政策、道德和伦理，探索僭越所超越和重塑的边界是否具有合理性，这或许可以为中国未来生育政策的调整提供一定的经验支持。

从未婚妈妈的故事可以看出，其作出僭越性生育选择的原因是极为复杂的，而传统地将其刻画为道德沦丧或者金钱至上因而对其进行道德谴责是偏颇的。未婚妈妈可能出于很多原因而作出生育僭越的选择，比如自己的宗教信仰，对胎儿的不舍得，对伴侣的爱，以及对自身身体的焦虑和母性的向往等。与此同时，这些未婚妈妈的语言解释也展现了她们持有的自我价值、自尊以及自我承认。本书中小青和小项因为信仰佛教而选择在不能结婚的情况下将孩子生下来。根据佛教教义，堕胎即为杀生，同时堕胎会带来很多厄运。出于佛教的生命观、因果观，小青和小项将未婚胎儿保留下来的行为为其避免了堕胎的厄运并获得了拯救生命的善缘。本书还展示了情感如何在未婚母亲的生育选择中发挥作用。从未婚母亲的叙述中可以看出，对胎儿的依恋以及对伴侣的爱都有可能成为其选择未婚生育的原因。随着胎儿渐渐长大，母亲由于感受到胎动而和胎儿产生了一种依恋的情感，而且胎动似乎也在提醒母亲自己已经是一个生命了，基于此婷儿在和男友分手的情况下依然将孩子生了下来。梦儿则基于对伴侣的爱，想保护他们爱的结晶而将未婚子保留。如果说对胎儿的依恋或者对伴侣的爱都是情感中的积极要素，那么情感也有可能被人利用而成为欺骗未婚母亲的工具。灰灰的故事展现了伴侣如何精妙地使用各种欺骗手段，甚至找人扮演其父母、房产中介等来骗取灰灰的钱财。除此之外，对于孕身的焦虑和母性的向往也成为诸多女性选择未婚生育的重要原因之一。在中国，本质主义母职依然影响着很多女性的生育观，不能或者不愿意成为母亲的女性往往被认为是有缺陷的、不合常规的。有过不孕不育经历的天空，已经大龄而且长时期未曾怀过孕的格子，有过被迫流产经历的桂花，在意外自然怀孕之后都不愿意选择流产，即使这意味着她们会成为未婚母亲。

当然，书中只列举出未婚生育僭越原因中比较重要的部分，这并不意味着不存在其他的原因，宗教信仰因素中有可能有人因为信仰基督教、伊斯兰教而不愿意选择流产；还有未婚女性会因为自己经济条件优越完全可以承担照顾孩子的责任，加之自己对婚姻丧失信心从而选择未婚生育；甚至有人不知道自己怀孕了，当要生产了才知道，可是为时已晚①。总之，生育僭越的原因是多种多样的，生育僭越既可能是主动的，也可能是被动的；既可能是个体的选择，也可能得到家庭的支持；既可能是隐秘的，也可能是公开的。

第一节　未婚生育僭越行为的破坏与重建

未婚生育的僭越行为破坏了中国传统的性伦理。Evans 在《中国的女性与性》一书中提到，中国很长一段时间"将对偶制婚姻作为唯一能够合法化性关系的关系"②。不过，随着中国改革开放，有研究发现中国逐渐兴起了性革命，婚前和婚外性行为也逐渐增加。③ 未婚生育行为显然打破了传统的婚姻——性关系，使二者进一步分离。

有学者对中国未婚怀孕行为进行研究，总体而言，未婚怀孕在中国依然有较高的婚姻转化率，婚内生育的高比例揭示"婚姻—生育"之间的关联并未被打破。④ 但是本书出现的未婚生育者打破了中国普遍存在的婚姻—生育之间的关联，使得婚姻不再成为生育的必要前提条件。

未婚生育者中有与未婚者生育的，也有与已婚者生育的。与未婚者未婚生育的，或者是不相信婚姻，或者是不能走入婚姻。于她们来说，婚姻不再是生育的必要前提。与已婚者生育的，未婚妈妈及其伴侣的关系则有

---

① 杨迪菲：《流动女性溺婴案件的社会关切与司法回应》，《中国检察官》2016 年第 18 期。该文讲述了一个案例，一名未成年女性因为"腹痛"以为食物中毒而去就医，结果在诊所卫生间诞下一名男婴。

② Harriet Evans, *Women and Sexuality in China*, Polity Press, 1997, p. 118.

③ James Farrer, *Opening up: Youth Sex Culture and Market Reform in Shanghai*, Chicago: University of Chicago Press, 2002.

④ 李文珍：《1957 年以来出生女性群体的婚孕新趋势——以未婚怀孕为中心的分析》，《人口学刊》2020 年第 6 期。

可能被阐释为中国传统一夫多妻制复兴的趋势。① 未婚妈妈不管是与已婚者还是与未婚者生育，她们的生育选择本身就挑战了中国传统的一夫一妻生育制度。

与破坏相对应，未婚生育僭越者也重建了新的家庭和生育观。首先，不婚生育者的故事证明了婚姻并不必然是生育的前提，在很多情况下生育可能没办法伴随着婚姻。本书中的婷儿和阿燕，她们被动地被伴侣"抛弃"而沦为未婚生育者，文中还有在海外接受人工授精的微博红人洋洋和小滚珠，她们体现了新兴的单身年轻女性为了实现自身的生育权所做的奋斗和努力。不管是被动者还是主动者，她们的故事都说明了婚姻并不必然与生育关联。西方第二波女权主义运动以来，女权主义者秉持着"my body, my rights"（我的身体，我的权利），坚定地支持女性拥有决定自身身体的权利，尤其在生育这一议题上。本书中单身女性为了实现自身的生育权而做出多方努力，体现了中国新兴女性所秉持的"我的身体我做主"的观念。相比西方的女性，为了实现我的身体我做主，中国的未婚生育女性不得不游离于政策之外，在政策之外寻求实现自身生育权之路。尽管中国存在政策障碍和社会歧视，单身女性多元的生育方式表明女性通过争取和努力是可以决定自己的生育身体的。

未婚生育者的故事还说明完美的家庭并不一定要由一夫一妻一男一女构成，单身女性同样可以独自组建家庭。与传统上认为单亲家庭的孩子容易成为问题青年不同，近来有研究显示单亲家庭的孩子可以和双亲家庭的孩子一样好，比如阿姆斯特丹自由大学的研究员马蒂尔德·布鲁伊就指出，对儿童发展负面的影响更多来自糟糕的亲子关系，而不是父亲的缺席。她对 69 名单身母亲和 59 名异性双亲家庭的母亲进行对比，发现这两种不同家庭中，情感投入或父母压力并没有显著区别，孩子的内部和外部问题行为和幸福感也没有显著差别，同时自主单身的母亲在已获得的社会支持和希望获得的社会支持这两项上得分还更高。②由此可见，单身母亲家庭成长的孩子也可以很健康快乐，单身母亲家庭不应当被当成异化的、有缺陷的、有问题的家庭。

---

① Graeme Lang and Josephine Smart, "Migration and the 'Second Wife' in South China: Toward Cross-Border Polygyny1", *International Migration Review*, Vol. 36, No. 2, 23 February 2006.

② 马蒂尔德·布鲁伊：《单身妈妈养育的孩子和双亲家庭的一样好》，多元家庭网络。

由于笔者所接触的案例有限，并没有对同性恋生育者进行访谈，但是在多元家庭经营的公众号里，能看到许多关于同性恋生育者的文章，随着中国同性恋权利意识的逐渐觉醒，再加上传宗接代思想，越来越多的同性恋者通过各种方法怀孕生子，比如形婚、接受好友捐精、海外人工受孕等。和单身生育者一样，这些人在日常生活中不轻易公开自己的身份，一方面怕自己的感情受到不必要的指责，另一方面也不希望孩子受到社会歧视。如果说传统的未婚生育者说明了未婚生育和单身抚养孩子的可能性；那么同性恋者的选择更是直接挑战了异性恋的家庭，表明两个同性者也是可以组成家庭、照顾孩子的，对传统家庭的构成具有颠覆性的意义，重建了新的家庭性别观念。

第二节　单身母职实践

当前中文文献中对于母职的研究主要集中在一夫一妻双亲家庭的孩子抚育问题，主要包括：母亲的精神负载、抚育焦虑、职场遭遇的困境，以及孩子的教育问题等，学者从多方面对母职给中国母亲所造成的压力进行分析。比如李芳英指出女性在家庭中所承受的精神负载，这种精神负载由社会构建的完美母职以及其与女性日常生活中的母职实践的差异所造成，不仅强化了女性"操心者"的角色，也容易导致家庭中不平等的性别关系。[1]施芸卿则看到了中产母亲的育儿焦虑，而这焦虑主要由育儿成本的增加、工作负担的加重以及医疗资源分配不均导致。[2]杨菊华主要关注职场中女性的性别和母职所带来的"双重赋税"，她用"重税"来形容女性该双重赋税所带来的压力，其主要表现为由性别—婚姻导致的就业不平等，由婚姻—生育带来的职场中断风险，以及由性别—生育驱动导致的薪酬不平等。[3]而杨可则对母亲育儿中的教育焦虑作了集中的分析和讨论，她认为由于当代家庭对于子女教育的重视，母职中呈现"教育经纪人"的特征，主

---

① 李芳英：《精神负载：母职实践过程中的性别关系再生产》，《人口与社会》2019 年第 1 期。

② 施芸卿：《当妈为何越来越难——社会变迁视角下的"母亲"》，《文化纵横》2018 年第 5 期。

③ 杨菊华：《"性别—母职双重赋税"与劳动力市场参与的性别差异》，《人口研究》2019 年第 1 期，第 36—51 页。

要表现为了解教育市场产品，目标学校需求，定制孩子的学习路线、时间以及个体化教育方案等。①不可否认，中国当前经济、医疗和社会发展条件下，母职确实给女性带来了各方面的压力，而计划生育政策使得很多家庭过度疼爱和照顾下一代，密集型母职现象在社会中更加普遍，但是上述母职研究探讨的是双亲家庭中的母职实践，对于单亲家庭和未婚家庭中的母亲来说，她们所要面临的困难和挑战更加突出和艰巨。

本书展现了未婚妈妈如何面对生育僭越后的困难，包括给孩子上户口、面对社会歧视、平衡工作和育儿等。为了给孩子上户口，未婚妈妈使用不同的策略，有些短暂和伴侣结婚，有些花钱打通地方计划生育官员的关系，有些老老实实交社会抚养费，有些还在等国家政策的改变。面对社会歧视，更多的未婚妈妈选择逃避熟人圈，或者向同事和家人隐瞒自己的婚姻状态。在平衡工作和育儿上，有些未婚妈妈选择外出打工或者再婚来提升自己的经济水平，而经济条件稍微好点的未婚妈妈则考虑在稳定自己工作的情况下，通过依靠父母或者育儿嫂来实现工作和育儿的平衡。如果说平衡育儿和工作是所有母亲要面临的共同问题，对于没有男性参与育儿的单身母亲来说，平衡育儿和工作变得更加困难。除此以外，给孩子上户口和社会歧视则是未婚母亲特别要面临的难题。未婚母亲的母职实践不仅仅和育儿息息相关，还涉及国家政策、社会道德等诸多层面的考量。

当然，本书也展示了公共领域中有影响力的单身生育个体、帮扶未婚妈妈的机构，以及社群网络在帮助未婚母亲中所起到的作用。生育津贴案、冻卵案、单身女性寻精生子等，一方面促进了公共领域对于单身生育的探讨，另一方面对于现实的单身生育者也起到了示范带头作用。社会机构有力地帮助未婚生育僭越者，多元家庭网络主要对僭越者进行法律援助，而互生社团则对其进行经济援助。此外，网络社群还提供让未婚妈妈互相帮助、交流理念和感情以及建立社交网络的平台。这些个体、机构和网络对于单身母亲实践母职起着一定的积极作用。

① 杨菊华：《"性别—母职双重赋税"与劳动力市场参与的性别差异》，《人口研究》2019 年第 1 期，第 41 页。

第三节　政策改变与未来

未婚生育者的生育故事对于中国的政策和社会制度建设有着更重要的启示作用。根据民政部的统计，2018 年中国的单身成年人口高达 2.4 亿，其中有 7700 万人独居，而这一数字在 2021 年上升到 9200 万。与此同时，中国生育率跌破警戒线，2020 年新生儿人口仅有 1100 万，比 2019 年新生儿人口低了三百多万，出现了断崖式下降的状况，而东北的生育率下降更是堪忧。2024 年的人口报告甚至显示中国人口已经进入负增长阶段。基于中国单身人口不断上升、生育率不断下降这一基本社会现实，笔者认为，生育政策方面当前中国把生育束缚在一夫一妻制的婚姻中，并没有赋予单身公民生育的权利，同时对未婚生育的双方给予一定的经济惩罚将不再适应社会需求，今后生育政策可以考虑进一步放松婚姻和生育的联系，让公民甚至单身公民真正成为生育选择的主要决定者。

一些与已婚男性生育的女性被称为"二奶"或"小三"，但是问题在于并非所有与已婚男性生育的女性经济上完全依靠男性，有些女性实际上自己独立抚养孩子，没有或者很少依靠其伴侣，有些在和已婚男士意外怀孕之后反而不知男士去向，自己不得不独自承担照顾孩子的重任。婚姻关系复杂而多元，对与已婚者生育的人并不能一概而论，而要根据不同人的具体情况来看待其生育选择。本书中的桂花和小冰代表两种完全不同的与已婚者生育的女性。小冰是典型的被包养者，而桂花并不是，她经济独立，自己抚养孩子，某种程度上她还是受害者，被她的伴侣骗了钱。与已婚者生育者中还有些是被伴侣欺骗，在怀孕之后才发现伴侣已婚甚至已为人父，而自己不舍得或者出于种种原因生下孩子，这使得她们的生育获得了一定的社会同情。在现实生活中，她们独自抚育孩子的艰辛依然无处诉说，她们也不得不尽量隐瞒自己的身份从而使自己和孩子不受社会歧视。她们基于"母性"也好，对孩子的爱也好，作出生育的选择，这本身是对生命的尊重，她们为实现自身生育权所做的努力不应该埋没在"二奶""小三"等种种骂名之后。

另外，由于中国家庭福利政策并不完善，对单亲母亲并没有特别的救济和扶助政策。中国在经济市场化过程中，原来由国家和单位承担的社会福利比如教育、医疗、养老和照顾儿童等逐渐弱化，加重了家庭的责任和负担。与此同时，中国的家庭福利政策并没有体系化、系统化。家庭福利制度面临着很多挑战，包括儿童照料与教育的支出加大、家庭养老功能渐趋弱化、家庭经济保障作用"被强化"，而家庭福利政策则存在很多的问题，比如政策内容过于狭隘、政策功能比较单一、理论缺乏指导、视野偏重短期、政策体系碎片化明显、政策保障政府缺位等。① 在当前的生育政策下，很多未婚妈妈由于缺少社会和家庭支持，独自抚养孩子十分艰辛，有些甚至面临失业的风险或者处于无业状态。不少未婚生育女性在贫困线上挣扎，她们在平衡工作和养育孩子上显得捉襟见肘。本书第七章中的单身母亲婷儿、小燕和天空等都曾经历经济上的困难，不得不靠父母的接济才能勉强度日。与此形成鲜明对比的是国外尤其是欧美发达国家，对于单亲家庭都实施了特别的家庭福利政策，比如笔者在第三章所提到的税收减免、提供就业机会、津贴的发放、住房政策的倾斜等。这些政策的实施使得不少单亲家庭摆脱了贫困，大大改善了单亲家庭的生活状况。如何实施更为友善的政策使得未婚生育女性不至于陷入贫困是未来中国家庭福利政策亟须考虑的。

现有的社会政策直接影响着社会工作机构的创立和经营。实际上，中国对于未婚生育行为政策上的限制使得相关的社会组织的建立也十分困难，其所能提供的社会帮扶和救助十分有限。本书第八章笔者介绍了中国现存的两个帮扶未婚妈妈的社会机构，其中的互生组织就致力于对未婚妈妈的社会救助，可是该社团也存在注册和经营困难的问题。从 2012 年社团建立到现在，只剩下广东一个生产基地还有志愿者服务，其他地方的生产基地由于资金和人力的原因不得不被关闭。多年来该社团共救助了 100位单亲女性和孩子，对于具有庞大人口的中国来说，100 位可能太少了，可是对这 100 个家庭来说，则意味着拯救了自己孩子的生命，这是极其宝贵的。该研究在推动政策改革的同时，也希望能推动帮扶未婚妈妈的相关公益机构的产生，让更多贫困的未婚妈妈及其孩子能够得到社会的帮助，也让未婚生育者不再被社会歧视。

---

① 刘中一：《我国现阶段家庭福利政策的选择——基于提高家庭发展能力的思考》，《党政干部学刊》2011 年第 8 期。

参考文献

中文论文

从恩霖：《伊斯兰教学者对于堕胎的教法主张》，《中国穆斯林》2000 年第
　6 期。

高春兰、金美英：《韩国家庭福利政策的范式转换：健康家庭基本法》，
　《社会政策研究》2017 年第 6 期。

蒋晓青：《"失范"和"越轨"理论视角下社会转型期的食品安全问题》，
　《经济研究导刊》2012 年第 33 期。

景军、孙晓舒、周沛峰：《亲密的陌生人：中国三个城市的男同性恋交友
　格局》，《开放时代》2012 年第 8 期。

乐国安：《越轨行为诱因辨析》，《社会学研究》1994 年第 5 期。

李芳英：《精神负载：母职实践过程中的性别关系再生产》，《人口与社会》
　2019 年第 1 期。

李文珍：《1957 年以来出生女性群体的婚孕新趋势——以未婚怀孕为中心
　的分析》，《人口学刊》2020 年第 6 期。

刘红青：《生死之间——佛教的堕胎观》，硕士学位论文，复旦大学，
　2008 年。

刘能：《越轨社会学视角下的青少年犯罪》，《青年研究》2003 年第 11 期。

刘涛：《情感抗争：表演式抗争的情感框架与道德语法》，《武汉大学学
　报》（人文科学版）2016 年第 5 期。

吕洪艳、梁茂信：《公共价值与 20 世纪末美国女性单亲家庭福利改革话语
　的构建》，《历史教学》（下半月刊）2018 年第 16 期。

欧阳马田：《西方越轨社会学研究的历史、现状与趋势》，《厦门大学学

报》（哲学社会科学版）2002 年第 4 期。

任静远：《我国单亲贫困家庭社会救助问题研究》，硕士学位论文，吉林财经大学，2016 年。

施芸卿：《当妈为何越来越难——社会变迁视角下的"母亲"》，《文化纵横》2018 年第 5 期。

石秀印、许叶萍：《多重博弈下的阶层分化与弱势阶层的抗争》，《江苏社会科学》2005 年第 6 期。

王名、贾西津：《中国 NGO 的发展分析》，《管理世界》2002 年第 8 期。

王鹏、侯钧生：《情感社会学：研究的现状与趋势》，《社会》2005 年第 4 期。

谢海定：《中国民间组织的合法性困境》，《法学研究》2004 年第 2 期。

杨菊华：《"性别—母职双重赋税"与劳动力市场参与的性别差异》，《人口研究》2019 年第 1 期。

於嘉、谢宇：《中国的第二次人口转变》，《人口研究》2019 年第 5 期。

张亮：《未婚怀孕：意外还是计划之内？———流动青年同居者的怀孕意愿与经历研究》，《妇女研究论丛》2021 年第 1 期。

张萌萌：《浅析新西兰单亲家庭现状及相关福利政策》，《现代交际》2019 年第 2 期。

赵梅：《"选择权"与"生命权"——美国有关堕胎问题的论争》，《美国研究》1997 年第 4 期。

朱健刚：《草根 NGO 与中国公民社会的成长》，《开放时代》2004 年第 6 期。

中文专著

费孝通：《乡土中国　生育制度》，北京大学出版社 1998 年版。

胡湛：《传统与超越：中国当代家庭变迁与家庭政策》，社会科学文献出版社 2018 年版。

李春玲：《断裂与碎片：当代中国社会阶层分化实证分析》，社会科学文献出版社 2005 年版。

李强：《农民工与中国社会分层》，社会科学文献出版社 2012 年版。

［美］道格拉斯·D. 杰克、弗兰西斯·C. 瓦克斯勒：《越轨社会学概论》，

张宁、朱欣民译，河北人民出版社 1987 年版。
肖索未:《欲望与尊严:转型期中国的阶层、性别与亲密关系》，社会科学
文献出版社 2018 年版。

外文专著

Amartya Sen, *Commodities and Capabilities*, New Delhi: Oxford Univ. Press, 2008.

Amartya Sen, *The Idea of Justice*, Cambridge, Mass: Belknap Press of Harvard University Press, 2011.

Barbara Anne Gurr, *Reproductive Justice: The Politics of Health Care for Native American Women*, New Brunswick, New Jersey: Rutgers University Press, 2015.

Bryan S. Turner, *Regulating Bodies: Essays in Medical Sociology*, London, England; New York, N. Y: Routledge, 1992.

Catriona Melville, *Sexual and Reproductive Health at a Glance*, Chichester, West Sussex, UK; Malden, MA: John Wiley & Sons Inc. , 2015.

Chandra Talpade Mohanty, *Feminism without Borders: Decolonizing Theory, Practicing Solidarity*. Durham; London: Duke University Press, 2003.

Chris Jenks, *Transgression*, (Key Ideas), London: Routledge, 2003.

Christina R. Foust, *Transgression as a Mode of Resistance: Rethinking Social Movement in an Era of Corporate Globalization*, Lanham, Md: Lexington Books, 2010.

David Lemmings, ed, *Emotions and Social Change: Historical and Sociological Perspectives*, New York, NY: Routledge, 2014.

Don Ihde, *Bodies in Technology*, Minneapolis: University of Minnesota Press, 2002.

Ekaterina Hertog, *Tough Choices: Bearing an Illegitimate Child in Contemporary Japan*, Stanford, Calif: Stanford University Press, 2009.

Ellen Reese, *Backlash against Welfare Mothers: Past and Present*, Berkeley: University of California Press, 2005.

Gabriele Taylor, *Pride, Shame, and Guilt: Emotions of Self – Assessment*, Oxford

[Oxfordshire]：New York：Clarendon Press；Oxford University Press，1985.

Harriet Evans，*Women and Sexuality in China*，Polity Press，1997.

Isabel V. Sawhill，*Generation Unbound：Drifting into Sex and Parenthood without Marriage*，Washington，D. C：Brookings Institution Press，2014.

James C. Scott，*Domination and the Arts of Resistance：Hidden Transcripts*，New Haven：Yale University Press，1990.

James C. Scott，*Weapons of the Weak：Everyday Forms of Peasant Resistance*，Nachdr. New Haven：Yale Univ. Press，2000.

James Farrer，*Opening up：Youth Sex Culture and Market Reform in Shanghai*，Chicago：University of Chicago Press，2002.

Jennifer Utrata，*Women without Men：Single Mothers and Family Change in the New Russia*，1st Edition. Ithaca：Cornell University Press，2015.

Jing－Bao Nie，*Behind the Silence：Chinese Voices on Abortion (Asian Voices)*，Lanham，MD：Rowman & Littlefield Publishers，2005.

Johanna Louisa Ypeij，*Single Motherhood and Poverty：The Case of the Netherlands*，Amsterdam：Aksant，2009.

John Jervis，*Transgressing the Modern：Explorations in the Western Experience of Otherness*，Oxford，U. K. ；Malden，Mass：Blackwell Publishers，1999.

John S. Aird，*Slaughter of the Innocents：Coercive Birth Control in China*，Washington，D. C. ：Lanham，MD：AEI Press，1990.

Jon Elster，*Alchemies of the Mind：Rationality and the Emotions*，Cambridge，U. K. ；New York：Cambridge University Press，1999.

Jonathan H. Turner，*Human Emotions：A Sociological Theory*，Milton Park，Abingdon，Oxon；New York：Routledge，2007.

Judith Butler，*Bodies That Matter：On the Discursive Limits of "Sex"*，New York：Routledge，1993.

Judith Butler，*Excitable Speech：A Politics of the Performative*，New York：Routledge，1997.

Judith Butler，*Gender Trouble：Feminism and the Subversion of Identity*，New York：Routledge，1999.

Katherine Holden，*The Shadow of Marriage：Singleness in England，1914 － 1960*，Manchester：Manchester Univ. Press，2007.

Kathryn Edin and Laura Lein, *Making Ends Meet—How Single Mothers Survive Welfare and Low – Wage Work*, New York: Russell Sage Foundation, 1997.

Linda Gordon, *Woman's Body, Woman's Right: Birth Control in America*, New York, NY: Penguin Books, 1990.

Loretta Ross and Rickie Solinger, *Reproductive Justice: An Introduction*, Oakland, California: University of California Press, 2017.

Loretta Ross, ed. , *Radical Reproductive Justice: Foundations, Theory, Practice, Critique*, New York City: The Feminist Press at The City University of New York, 2017.

Lori Holyfield, *Moving Up and Out: Poverty, Education, and the Single Parent Family*, Philadelphia: Temple University Press, 2002.

Margaret M. Lock, and Patricia A. Kaufert, eds. *Pragmatic Women and Body Politics*, (Cambridge Studiesin Medical Anthropology), New York: Cambridge University Press, 1998.

Marilyn Friedman, *Autonomy, Gender, Politics* (*Studies in Feminist Philosophy*), Oxford; New York: Oxford University Press, 2003.

Martha Craven Nussbaum, *Hiding from Humanity: Disgust, Shame, and the Law*, Princeton, N. J: Princeton University Press, 2004.

Martha Nussbaum and Jonathan Glover, eds. , *Women, Culture, and Development: A Study of Human Capabilities*, Oxford: New York: Clarendon Press; Oxford University Press, 1995.

Martha Craven Nussbaum, *Political Emotions: Why Love Matters for Justice*, Cambridge: The Belknap Press of Harvard University Press, 2013.

Martina Klett – Davies, *Going It Alone? Lone Motherhood in Late Modernity*, Aldershot, England; Burlington, VT: Ashgate, 2007.

Mary Wollstonecraft, *A Vindication of the Rights of Woman*, Penguin Books, 1792.

Michel Foucault, *Society Must Be Defended*, the Penguin Group, 1997.

Michel Foucault, *The History of Sexuality*, New York: Vintage Books, 1988.

Patrice DiQuinzio, *The Impossibility of Motherhood: Feminism, Individualism, and the Problem of Mothering*, New York: Routledge, 1999.

Pierre Bourdieu, *Distinction: A Social Critique of the Judgement of Taste*, Cambridge, Mass: Harvard University Press, 2000.

Rosalind P. Petchesky, *Abortion and Woman's Choice: The State, Sexuality, and Reproductive Freedom*, (The Northeastern Series in Feminist Theory), Boston: Northeastern University Press, 1990.

Rosanna Hertz, *Single by Chance, Mothers by Choice: How Women Are Choosing Parenthood without Marriage and Creating the New American Family*, New York: Oxford University Press, 2006.

Ruth Linn, *Mature Unwed Mothers: Narratives of Moral*, Boston, MA: Springer US, 2002.

Ruth Sidel, *Unsung Heroines: Single Mothers and the American Dream*, Berkeley: University of California Press, 2006.

S. Corrêa, and Rebecca Lynn Reichmann, *Population and Reproductive Rights: Feminist Perspectives from the South*, London; Atlantic Highlands, N. J. : New Delhi: Zed Books, 1994.

Saba Mahmood, *Politics of Piety: The Islamic Revival and the Feminist Subject*, Princeton, N. J: Princeton University Press, 2005.

Sally R. Munt, *Queer Attachments: The Cultural Politics of Shame*, Aldershot, England; Burlington, VT: Ashgate, 2008.

Sally Sheldon, *Beyond Control: Medical Power and Abortion Law*, (Law and Social Theory), London: Pluto, 1997.

Simon Duncan and Rosalind Edwards, *Lone Mothers, Paid Work, and Gendered Moral Rationalities*, Houndmills, Basingstoke, Hampshire; New York: Macmillan Press; St. Martin's Press, 1999.

Sumi Madhok, *Rethinking Agency: Developmentalism, Gender and Rights*, New Delhi; Abingdon: Routledge, 2013.

Thomas Scharping, *Birth Control in China*, 1949 – 2000: *Population Policy and Demographic Development*, London; New York: Routledge, 2005.

Tyrene White, *China's Longest Campaign: Birth Planning in the People's Republic 1949 – 2005*, Cornell University Press, 2006.

Tyrene White, *Family Planning in China*, M. E. Sharpe, 1992.

Wendy Harcour, ed. , *Women@ Internet: Creating New Cultures in Cyberspace*, London; New York: Zed Books, 1999.

William R. LaFleur, *Liquid Life*: *Abortion and Buddhism in Japan*, Princeton, N. J: Princeton University Press, 1992.

Yi – Li Wu, *Reproducing Women*: *Medicine*, *Metaphor*, *and Childbirth in Late Imperial China*, Berkeley: University of California Press, 2010.

外文论文

Alison Bailey, "Reconceiving Surrogacy: Toward a Reproductive Justice Account of Indian Surrogacy", *Hypatia*, Vol. 26, No. 4, November 2011.

Amartya Sen, "Human Rights and Capabilities", *Journal of Human Development*, Vol. 6, No. 2, July 2005.

Cara Wallis, "Gender and China's Online Censorship Protest Culture", *Feminist Media Studies*, Vol. 15, No. 2, 4 March 2015.

Chu Junhong, "Prenatal Sex Determination and Sex – Selective Abortion in Rural Central China", *Population and Development Review*, Vol. 27, No. 2, 2001.

Cindy Hazan, and Phillip Shaver, "Romantic Love Conceptualized as an Attachment Process", *Journal of Personality and Social Psychology*, Vol. 52, No. 3, 1987.

Esther C. LGoh, "Grandparents as Childcare Providers: An in – Depth Analysis of the Case of Xiamen, China", *Journal of Aging Studies*, Vol. 23, No. 1, January 2009.

Gabriele Taylor, "Shame, Integrity and Self – Respect", in *Dignity*, *Character*, *and Self – Respect*, edited by Robin S. Dillon, New York: Routledge, 1995.

Graeme Lang, and Josephine Smart, "Migration and the 'Second Wife' in South China: Toward Cross – Border Polygyny1", *International Migration Review*, Vol. 36, no. 2, 23 February 2006.

Inge Bretherton, "The Origins of Attachment Theory: John Bowlby and Mary Ainsworth", *Developmental Psychology*, Vol. 28, No. 5, 1992.

John Bowlby, "The Bowlby – Ainsworth Attachment Theory", *Behavioral and Brain Sciences*, Vol. 2, No. 4, 1979.

Lihong Shi, "Micro – Blogs, Online Forums, and the Birth – Control Policy: Social Media and the Politics of Reproduction in China", *Culture*, *Medicine*, *and*

Psychiatry, Vol. 38, No. 1, March 2014.

Lisa Handwerker, "The Consequences of Modernity for Childless Women in China: Medicalization and Resistance", In *Pragmatic Women and Body Politics*, edited by Margaret M. Lock and Patricia A. Kaufert New York: Cambridge University Press, 1998.

Loretta Ross, "Reproductive Justice as Intersectional Feminist Activism", *Souls*, Vol. 19, No. 3, 3 July 2017.

Malin Jordal, Kumudu Wijewardena, and Pia Olsson, "Unmarried Women's Ways of Facing Single Motherhood in Sri Lanka—a Qualitative Interview Study", *BMC Women's Health*, Vol. 13, No. 1, December 2013.

Michael E. Bratman, "Planning Agency, Autonomous Agency", In *Personal Autonomy: New Essays on Personal Autonomy and Its Role in Contemporary Moral Philosophy*, edited by James Stacey Taylor. Cambridge: Cambridge University Press, 2008.

Paul Benson, "Free Agency and Self – Worth", Edited by John Smylie, *Journal of Philosophy*, Vol. 91, No. 12, 1994.

Rachel Murphy, "Fertility and Distorted Sex Ratios in a Rural Chinese County: Culture, State, and Policy", *Population and Development Review*, Vol. 29, No. 4, 2003.

Rosalind Pollack Petchesky, "Reproductive Freedom: Beyond 'A Woman's Right to Choose'", *Signs*, Vol. 5, No. 4, 1980.

S. Xiao, "The 'Second – Wife' Phenomenon and the Relational Construction of Class – Coded Masculinities in Contemporary China", *Men and Masculinities*, Vol. 14, No. 5, 1 December 2011.

Sheila Hillier, "Women and Population Control in China: Issues of Sexuality, Power and Control", *Feminist Review*, No. 29, 1988.

Smith Bardwell, "Buddhism and Abortion in Contemporary Japan: 'Mizuko Kuyō' and the Confrontation", *Japanese Journal of Religious Studies*, Vol. 15, No. 1, 1988.

Sumi Madhok and Shirin M. Rai, "Agency, Injury, and Transgressive Politics in Neoliberal Times", *Signs*, Vol. 37, No. 3, March 2012.

Sumi Madhok, Maya Unnithan, and Carolyn Heitmeyer, "On Reproductive Jus-

tice：'Domestic Violence'，Rights and the Law in India"，*Culture*，*Health* &
Sexuality，*Vol.* 16，No. 10，26 November 2014.

Tyrene White，"Domination，Resistance and Accommodation in China's One –
Child Campaign"，In *Chinese Society*：*Change*，*Conflict and Resistance*，edited
by Elizabeth J. Perry and Mark Selden，London；New York：Routledge，2010.

Weiwei Cao，"Exploring 'Glorious Motherhood' in Chinese Abortion Law and Pol-
icy"，*Feminist Legal Studies*，Vol. 23，No. 3，November 2015.

Wendy Harcourt "Transnational Feminist Engagement with 2010 + Activisms：
Transnational Feminist Engagement"，*Development and Change*，Vol. 44，
No. 3，May 2013.

Wendy Harcourt，"The Personal and the Political：Women Using the Internet"，
Cyber Psychology & *Behavior*，Vol. 3，No. 5，October 2000.

Yang Shen and Lai Jiang，"Labor Market Outcomes of Professional Women with
Two Children after the One – Child Policy in China"，*Journal of Social Issues*，
Vol. 76，No. 3，22 July 2020.

Zakiya Luna and Kristin Luker，"Reproductive Justice"，*Annual Review of Law
and Social Science*，Vol. 9，No. 1，3 November 2013.

Zakiya Luna，"From Rights to Justice：Women of Color Changing the Face of US
Reproductive Rights Organizing"，*Societies without Borders*，Vol. 4，No. 3，1
October 2009.

索　引

（按音序排列）

致　谢

　　两年半的博士后研究时光转瞬即逝，在这期间，我得到来自老师、家人和朋友的关怀和帮助。在出站报告完成之际，我要向给予我支持、帮助和鼓励的人致以最诚挚的谢意。

　　首先，我要感谢我的指导老师吴小英研究员。她从选题、撰写到最后的定稿，都给予我悉心的指导和帮助，促成我顺利完成出站报告。吴老师对学术的热情和严谨，对生活的热爱和激情，值得我终身学习。同时要感谢社会学研究所家庭与性别研究室的其他同仁，每周三、周四返所日与你们共话家常、探讨学术的日子是我难忘的时光。感谢黄丽娜老师，从我申请国际交流引进项目入站，到中期考核，以及最后的出站，包括在站期间的各种行政审批，黄老师都给予我帮助和支持。感谢办公室以及科研处的老师们，你们对我在站期间的关心和帮助我将铭记在心。

　　其次，感谢我的家人在此期间给予我的帮助。感谢女儿的诞生，你让我实现了从女性到母亲角色的转变，体会到初为人母的滋味。这段时间因为要平衡育儿和研究，我还曾遭遇前所未有的压力，感谢我的先生和母亲对我无微不至地支持和陪伴。我还要特别感谢母亲对我女儿的悉心照顾，使我可以抽出身来从事研究工作。感谢我的奶奶一直以来对我的鼓励和支持。

　　最后，感谢所有的受访者，你们同意接受访谈才有了本书的诞生。感谢你们抽出时间来和我分享可能是你们非常私密的人生故事，但愿本书能够反映你们的所思所想，也能够在某种程度上帮助你们。

第十一批《中国社会科学博士后文库》专家推荐表1

　　《中国社会科学博士后文库》由中国社会科学院与全国博士后管理委员会共同设立，旨在集中推出选题立意高、成果质量高、真正反映当前我国哲学社会科学领域博士后研究最高学术水准的创新成果，充分发挥哲学社会科学优秀博士后科研成果和优秀博士后人才的引领示范作用，让《文库》著作真正成为时代的符号、学术的示范。

推荐专家姓名	吴小英	电　话	
专业技术职务	研究员	研究专长	家庭与性别研究
工作单位	中国社会科学院社会学研究所	行政职务	无
推荐成果名称	新时代的生育僭越——基于未婚妈妈的个案研究		
成果作者姓名	高碧叶		

　　自"三孩"政策出台以来，有关提升生育意愿、改善人口结构的话题成为全社会关注的热点之一。在刚刚过去的 2022 年全国"两会"上，也有代表提出了关于"赋予单身女性生育权"的提案，引起了大会及网络的热议。可见未婚妈妈或者单身女性生育这一素来富有争议的现象，不再仅仅视为一种私人化的僭越行为，而是正成为值得重新审视的公共话题。然而除了媒体和网络的报道和讨论之外，国内相关的研究尚属少见。究竟什么样的女性、在怎样的情境下会做出这样的生育选择？成为未婚妈妈的她们又经历了什么？本研究某种程度上填补了这方面的空白，因而选题本身就有创新性和重要的现实意义。通过从网络 QQ 群、贴吧、微信群等方式进入并与相关当事人进行线上的口述访谈，该研究对未婚妈妈这个隐形群体的生育选择及其个人境遇进行了深入考察和分析，探讨了她们面对制度和文化歧视所遭遇的困境和挑战，并提出了消除政策障碍和社会歧视、走向宽容性生育政策和更积极的社会支持的建议。除了扎实的田野调查，该研究还就国内外生育政策的思路和话语进行了梳理和分析，尤其是提出了老龄化、少子化以及单身、离婚不断增多的第二次人口转型背景下生育和婚姻的关系问题及其新的可能性，这一讨论拓展了有关人口和家庭研究的传统视野，推进了家庭社会学相关核心问题的理论思考，其学术价值和理论意义也是不言而喻的。

　　书稿的学术创新点主要体现在以下几个方面：（1）将未婚生育放在"生育僭越"这一概念框架下，跳出了以往单纯从道德出发的预设立场，转而从未婚妈妈的情感、身体、观念等角度考察了其做出生育僭越选择的过程及原因，并探讨了她们各自依赖个体、家庭亲属或网络共同体等社会支持来完成去污名化以及新的伦理重建的可能性；（2）通过对不同未婚妈妈的生育选择实践及其原因的归类分析，书稿探讨了不同阶层女性在婚姻、生育观念上的多样化和自主性，以及不同社会支持资源及政策需求；（3）书稿在研究方法上尝试了适合于未婚妈妈这类特殊隐形人群的网络民族志等线上口述访谈法，可以一定程度上保护被访者的隐私，消除被访者作为被污名化群体的一员有可能带来的戒备与信任屏障。

　　本研究的不足之处，在于受疫情及研究伦理制约，所有个案都来自网络社群或社交媒体，访谈也基本采纳线上而缺乏面对面的线下交流。但这种样本选择及田野方式上的局限性，并未影响到个案的丰富性。从政治倾向来说，该书稿也不存在任何问题。与一般的学术著作相比，其故事性和可读性都很强，议题本身很接地气，也能戳中政府、学界和公众关注的热点，而又不乏学术探讨的价值。因此我认为该书稿达到了《中国社会科学博士后文库》的出版水准，推荐给予资助出版。

签字：

2022 年 3 月 23 日

第十一批《中国社会科学博士后文库》专家推荐表 2

《中国社会科学博士后文库》由中国社会科学院与全国博士后管理委员会共同设立，旨在集中推出选题立意高、成果质量高、真正反映当前我国哲学社会科学领域博士后研究最高学术水准的创新成果，充分发挥哲学社会科学优秀博士后科研成果和优秀博士后人才的引领示范作用，让《文库》著作真正成为时代的符号、学术的示范。

推荐专家姓名	张丽萍	电 话	
专业技术职务	研究员	研究专长	人口社会学
工作单位	中国社会科学院社会学研究所	行政职务	无
推荐成果名称	新时代的生育僭越——基于未婚妈妈的个案研究		
成果作者姓名	高碧叶		

（对书稿的学术创新、理论价值、现实意义、政治理论倾向及是否具有出版价值等方面做出全面评价，并指出其不足之处）

　　该研究以国际生育话语的发展为研究背景，探讨未婚妈妈群体僭越性生育选择背后的宗教的、情感的、身体的原因；分析未婚生育者面临的经济上的处罚、生育保险享受困难、孩子上户困难等政策障碍，进行政策的梳理和倡导，提出对未婚妈妈群体在公共领域层面的社会支持，关注这一群体的能动性行动，并从阶层视角分析未婚妈妈群体，是一项的现实意义的研究。该研究以特定的未婚妈妈群体为研究对象，研究问题较为清晰，资料丰富，个案鲜活，研究方法恰当，基于扎实的田野调查，分析了未婚妈妈的生育原因、面临的困难及应对措施，并从政策层面提出了一些政策建议。报告思路清晰、文字流畅、观点鲜明，具一定的创新性，既具有学理性又具有政策意义，是一篇优秀的研究报告。鉴于书稿的理论价值和现在意义，且政治上符合国家的意识形态和指导思想，具有出版价值。

　　不足之处：1. 研究视野可以进一步拓展，比较一下中国和西方发达国家未婚妈妈的不同原因和应对措施，厘清中国情况下一些特殊未婚生育原因。2. 应加强理论深化，分析未婚妈妈越来越多背后蕴含的家庭、生育和婚姻理论创新意义，理论和资料可以更好地进行互动，用理论来分析资料，并加强理论本土化。

签字：张丽萍

2022 年 3 月 22 日